U0516332

趙爾巽等撰

清史稿

第二七册

卷二〇五至卷二〇八（表）

中華書局

清史稿卷二百五

表四十五

疆臣年表九

各邊將軍都統大臣

康熙元年壬寅,	設
奉天將軍	吳達
寧古塔將軍	巴海
黑龍江將軍	
右衛將軍	

鎮守遼東等處將軍、鎮守寧古塔等處將

禮自鎮守盛京昂邦章京爲鎮守遼東等

順治十六年，以昂邦將軍駐防，是年陞鎮

軍。	康熙二年癸卯	康
處將軍。	吳達禮	吳
守寧古塔等處將軍。	巴海	巴

熙三年甲辰	康熙四年乙巳
達禮	吳達禮 五月辛巳，達都
海	巴海

鎮守遼東等處將軍。六月己未，改鎮守奉天

	康熙五年丙午	康熙六年丁未
等處將軍。	達都	達都
	巴海	巴海

末	康熙七年戊申
	達都 九月庚子，吳瑪護爲奉天將軍。
	巴海

康熙八年己酉
吳瑪護
巴海

康熙九年庚戌
吳瑪護 六月己酉，阿穆
巴海

	康熙十年辛亥	康熙
爾圖爲奉天將軍。	阿穆爾圖	阿穆
	巴海	巴海

十一年壬子	康熙十二年癸丑
爾圖	阿穆爾圖卒，予祭葬。十二
	巴海

月乙丑，倭內以正黃旗副都統爲奉天將軍。

康熙十三年甲寅	康熙十四年乙卯
倭內	倭內
巴海	巴海

康熙十五年丙辰	康熙十六年丁巳	康
倭內	倭內	倭
巴海	巴海	巴

熙十七年戊午

內七月甲寅解任。安珠瑚為奉天將軍。

海

康熙十八年己未	安珠瑚	巴海
康熙十九年庚申	安珠瑚	巴海

康熙二十年辛酉	康熙二十一年壬戌
安珠瑚	安珠瑚
巴海	巴海

康熙二十二年癸亥九月,設黑龍江將軍。

伊把漢正月辛巳,爲奉天將軍。

巴海罷。八月庚子,殷圖爲寧古塔將軍。

薩布素十月癸亥,爲黑龍江將軍。

康熙二十三年甲子
伊把漢
殷圖
薩布素

康熙二十四年乙
伊把漢十一月辛
殷圖
薩布素

丑

未。遷貝勒|察|尼十二月庚寅,爲|奉|天將軍。

康熙二十五年丙寅	康熙二十六年丁卯
察尼	察尼
殷圖	殷圖
薩布素	薩布素

康熙二十七年戊辰
察尼　九月卒。綽克托　十月庚戌，爲奉天
殷圖
薩布素

	康熙二十八年己巳
將軍。	綽克托
	殷圖五月壬戌革。乙亥，佟保爲寧
	薩布素

	康熙二十九年庚午	康熙三
	綽克托	綽克托
古塔將軍。	佟保	佟保
	薩布素移駐墨爾根。	薩布素

十年辛未	康熙三十一年壬申	康熙三
	綽克托	綽克托
	佟保	佟保
	薩布素	薩布素
		費揚古

十二年癸酉	康熙三十三年
	綽克托
	佟保
	薩布素
爲安北將軍，駐歸化城。	費揚古

甲戌	康熙三十四年乙亥
	綽克托
	佟保
	薩布素
	費揚古 十月授右衛將軍,仍兼管

康熙三十五年丙子	
綽克托	
佟保六月癸丑革。沙那	
薩布素	
費揚古	歸化城將軍事。

康熙三十	
綽克托	
沙那海	海七月己巳，爲寧古塔將軍。
薩布素	
費揚古	

六年丁丑	康熙三十七年戊寅	康熙三
	綽克托	綽克托
	沙那海	沙那海
	薩布素	薩布素
	費揚古	費揚古

十八年己卯

四月戊午革。蘇努四月壬午，爲奉天將軍。

移駐齊齊哈爾。

康熙三十九年庚辰	康熙四十年辛巳
蘇努	蘇努
沙那海	沙那海　二月乙丑
薩布素	薩布素　二月己未
費揚古	費揚古

康熙四十一	
蘇努	
楊福	遷。楊福爲寧古塔將軍。
沙那海	革。沙那海爲黑龍江將軍。
費揚古	

康熙四十二年癸未	年壬午
蘇努	
楊福	
沙那海七月丁巳休。致博定八	
費揚古	

康熙四十三年	
蘇努	
楊福	
博定	月丁亥,爲黑龍江將軍。
費揚古	

甲申	康熙四十四年乙酉	康熙四十五
	蘇努	蘇努
	楊福	楊福
	博定	博定
	費揚古	費揚古

年丙戌	康熙四十六年丁亥	康熙四十
	蘇努	蘇努免。蒙
	楊福	楊福
	博定	博定九月
	費揚古	費揚古

七年戊子
俄洛正月癸酉,爲奉天將軍。
庚寅遷。法都十一月丙申,爲黑龍江將軍。

康熙四十八年己丑

蒙俄洛 二月己酉遷。嵩祝 二月戊午，署奉

楊福 二月己酉遷。蒙俄洛 二月己酉，爲寧

法都 二月乙巳革。楊福 二月己酉，爲黑龍

費揚古

	康熙四十九年庚寅	康熙五
天將軍。	嵩祝	嵩祝
古塔將軍。	蒙俄洛	蒙俄洛
江將軍。	楊福	楊福
	費揚古	費揚古

十年辛卯	康熙五十一年壬辰
	嵩祝十月丁巳遷。唐保柱十月
	蒙俄洛
	楊福
	費揚古

康熙五十二年癸巳	
唐保柱	丁巳，署奉天將軍。
蒙俄洛	
楊福	
費揚古	

康熙五十三年甲午	唐保柱	蒙俄洛	楊福	費揚古
康熙五十四年乙未	唐保柱	蒙俄洛卒。穆森三月	楊福卒。五月丙午，三	費揚古

	康熙五十五年丙申
	唐保住
辛丑,署寧古塔將軍。	穆森
官保署黑龍江將軍。	陳泰　十月戊子,托
	費揚古

康熙五十六年丁酉	
唐保柱	
穆森	
托留	留爲黑龍江將軍。
費揚古	

康熙	五十七年戊戌
唐保柱	
穆森	
托留	七月，巴賽署黑龍江將軍。
費揚古	正月乙亥乞休。顏壽三月，爲右

	康熙五十八年己亥	康熙五
	唐保柱	唐保柱
	穆森	巴賽署 陳泰二
	巴賽	
衞將軍。	顏壽	顏壽

十九年庚子	康熙六十年辛丑
	唐保柱
寧古塔將軍。	巴賽
月甲子,黑龍江將軍。	陳泰
	顏壽

	康熙六十一年壬寅	雍正元年癸卯
奉天將軍	唐保柱	唐
寧古塔將軍	巴賽	巴
黑龍江將軍	陳泰	陳
右衛將軍	顏壽	顏
烏里雅蘇台將軍		
青海辦事大臣		
駐藏辦事大臣		

	雍正二年甲辰
保柱	唐保柱十二月癸未解任。綽奇爲
賽	巴賽二月丁未召。哈達寧古塔將
泰	陳泰
壽	顏壽六月戊子降。吳札布爲右衛

	雍正三年乙巳
奉天將軍。	綽奇 十一月還。噶爾弼奉天將
軍。	哈達
	陳泰
將軍。	吳札布
	達鼐辦理青海事務。

	雍正四年丙午		雍
軍。	噶爾弼		噶
	哈達		哈
	陳泰	二月召。傅爾丹爲黑龍江將軍。	傅
	吳札布	二月遷。申穆德爲右衛將軍。	申
	達鼐		達
			僧

正五年丁未

爾弼二月卒。伊札布閏三月,爲奉天將軍。

達

爾丹二月召。那蘇圖十二月,爲黑龍江將軍。

穆德

鼐

格五月丁巳,赴藏辦事。瑪臘正月丁巳,赴

	雍正六年戊申	雍正
	伊札布　九月癸亥免。武格署。	武格
	哈達	哈達
	那蘇圖	那蘇
	申穆德	申穆
	達鼐	達鼐
藏辦事。	僧格　瑪臘	僧格

七年己酉	雍正八年庚
二月還。多索禮爲奉天將軍。	多索禮正月
	哈達
圖	那蘇圖正月
德	申穆德
	達鼐
瑪臘	僧格回京。青

戊	雍正九年辛
降。那蘇圖爲奉天將軍。	那蘇圖
	哈達正月遷。
遷。卓爾海爲黑龍江將軍。	卓爾海
	申穆德
	達鼐
保駐藏辦事。馬臘	青保 馬臘

亥	雍正十年壬子
	那蘇圖
常德爲寧古塔將軍。	常德 九月赴軍
	卓爾海 九月遷。
	申穆德
	策凌 爲定邊左
	達鼐
六月召回京。苗壽駐藏辦事。	青保 苗壽

雍正十一	
那蘇圖	
杜賚	營。杜賚署。
塔爾岱	塔爾岱爲寧古塔將軍。
申穆德	
策凌	副將軍。
衆佛保	
青保 苗	

年癸丑	雍正十二年甲寅
	那蘇圖
	杜賚
	塔爾岱
	申穆德
	策凌
	德齡八月，總理青海番人事務。
壽	青保苗壽召回京。阿爾珣八

月，赴藏辦事。尋卒。那蘇泰赴藏辦事。

雍正十三年乙卯

那蘇圖遷。覺羅柏修爲奉天將軍。

杜賚

塔爾岱遷。那蘇爾爲黑龍江將軍。

申穆德免。十二月，岱林布右衞將軍。

策凌

德齡

那蘇泰

清史稿卷二百六

表四十六

疆臣年表十

各邊將軍都統大臣

乾隆元年丙辰
盛京將軍
吉林將軍
黑龍江將軍
烏里雅蘇台將軍
伊犂將軍
綏遠城將軍
熱河都統
察哈爾都統
烏魯木齊都統
庫倫辦事大臣
烏里雅蘇台參贊
科布多參贊大臣
伊犂參贊大臣
塔爾巴哈台參贊
喀什噶爾參贊大
哈密辦事大臣
喀喇沙爾辦事大
庫車辦事大臣
阿克蘇辦事大臣
烏什辦事大臣
葉爾羌辦事大臣
和闐辦事大臣
西寧辦事大臣
駐藏辦事大臣

那蘇圖 八月丁亥遷。博第 奉天將

博第 八月丁亥遷。吉黨阿 寧古塔

吳禮布 十一月甲午卒。額爾圖 黑

策凌

岱林布 十二月丁亥遷。王常 右衛

塞克圖

大臣

大臣

臣

臣

德寧 召保 祝西寧辦事大臣。

杭奕祿 駐藏辦事大臣。

	乾隆二年丁巳，是年裁山西
軍。	博第
將軍。	吉黨阿
龍江將軍。	額爾圖
	策凌
將軍。	王常改綏遠城將軍。
	那蘇泰
	保祝十一月召。巴靈阿西寧
	杭奕祿

右衞將軍,設綏遠城將軍。	乾隆三年,戊午
	博第五月辛未
	吉黨阿
	額爾圖五月辛
	策凌
	王常
	那蘇泰改熱河
	樊廷二月癸卯
辦事大臣。	巴靈阿
	杭奕祿七月甲

乾隆四	是年改設熱河副都統。
額爾圖	遷。額爾圖奉天將軍。
吉黨阿	
博第	未遷。博第黑龍江將軍。
策凌	
王常	
那蘇泰	副都統。
李繩武	回原任。李繩武哈密辦事大臣。
巴靈阿	
紀山	寅召。紀山駐藏辦事大臣。

年己未	乾隆五年庚申
	額爾圖
	吉黨阿
	博第
	策凌
	王常二月召。伊勒慎綏遠城將軍。
	那蘇泰九月卒。十月,達爾黨阿熱
	巴靈阿正月召。莽古賚西寧辦事
	紀山

	乾隆六年辛酉
	額爾圖
	吉黨阿八月辛
	博第
	策凌
七月召。補熙綏遠城將軍。	補熙
河副都統。	達爾黨阿
大臣。	莽古賚
	紀山九月辛卯

乾隆七年壬	
額爾圖	
鄂彌達	亥召。鄂彌達寧古塔將軍。
博第	
策凌	
補熙	
達爾黨阿	
莽古賚	
索拜	召。索拜駐藏辦事大臣。

乾隆八年癸亥	戊
額爾圖	
鄂彌達九月丁亥遷。博第寧古塔將軍。	
博第九月丁亥遷。傅森黑龍江將軍。	
策凌	
補熙	
達爾黨阿	
莽古賚	
索拜	

乾隆九年甲子

額爾圖 七月壬辰免。達爾黨阿奉天將

博第 三月丙申遷。巴靈阿寧古塔將軍。

傅森

策凌

補熙

達爾黨阿 七月壬辰遷。瑪爾拜熱河副

莽古賚

索拜 六月癸丑期滿。傅清駐藏辦事大

	乾隆十年乙丑
軍。	達爾黨阿
	巴靈阿
	傅森
	策凌
	補熙
都統。	瑪爾拜十月丁巳遷。索拜熱河副
	莽古賚十二月甲子召。衆佛保西
臣。	傅清

	乾隆十一年丙寅
	達爾黨阿
	巴靈阿八月召。阿蘭泰寧
	傅森
	策凌
	補熙
都統。	索拜十二月癸酉遷。巴爾
寧辦事大臣。	衆佛保
	傅清

	乾隆十二年丁
	達爾黨阿
古塔將軍。	阿蘭泰
	傅森
	策凌
	補熙
品熱河副都統七十署。	巴爾品四月革。
	衆佛保
	傅清

卯，是年改奉天將軍爲盛京將軍。

那蘭保熱河副都統。六月還。馬爾泰代。

乾隆十三年戊辰

達爾黨阿　四月癸酉遷。阿蘭泰盛京將

阿蘭泰　四月癸酉遷。索拜寧古塔將軍。

傅森

策凌

補熙

瑪爾泰　正月卒。滿福熱河副都統。四月

衆佛保

傅清　四月庚申召。拉布敦駐藏辦事大

	乾隆十四年己
軍。	阿蘭泰
閏七月庚午遷。永興代。	永興十月辛卯
	傅森三月丁丑
	策凌
	補熙九月免。八
丁巳遷。海常代。	海常
	衆佛保二月召。
臣。	拉布敦二月丙

已

遷。新柱寧古塔將軍。

遷。傅爾丹黑龍江將軍。

十五綏遠城將軍。十月丁酉降。富昌代。

班第西寧辦事大臣。

申召。紀山駐藏辦事大臣。十二月壬寅，

	乾隆十五年庚午
	阿蘭泰
	新柱五月癸卯召。卓鼐寧
	傅爾丹
	策楞二月丙戌卒。羅卜藏
	富昌
	海常
	班第四月改。紀山西寧辦
拉布敦仍任。	拉布敦四月壬寅召。班第

古塔將軍。

暫署。六月丙子，成袞扎布定邊左副將軍。

事大臣。十一月甲寅逮。舒明代。

駐藏辦事大臣。

乾隆十六年辛未

阿蘭泰

卓鼐四月乙酉降。傅森寧古塔將軍。

傅爾丹

成衮札布

富昌

海常

舒明

班第十二月甲辰召。多爾濟駐藏辦事

乾隆十七年壬申	
阿蘭泰	
傅森	
傅爾丹十二月戊戌卒。綽爾多黑	
成袞札布	
富昌	
海常十二月庚子遷。李侍堯熱河	
舒明	
多爾濟	大臣。

	乾隆十八年癸酉
	阿蘭泰
	傅森
龍江將軍。	綽爾多
	成衮札布
	富昌
副都統。	李侍堯
	舒明遷。德爾素西寧辦事大
	多爾濟

乾隆十九年甲戌

阿蘭泰八月癸丑赴軍營。清保盛京

傅森

綽爾多五月辛巳遷。清保黑龍江將

成衮札布四月庚寅革。策楞定邊左

富昌

李侍堯

臣。德爾素

多爾濟四月己酉召。薩拉善駐藏辦

將軍。

軍。八月癸丑遷。達爾黨阿代。

副將軍。七月庚子召。額林沁多爾濟暫

事大臣。

署。甲辰,策楞革。班第署。十一月召。阿睦

爾撒納暫署。丁未,回游牧。色布騰巴勒珠

爾署。十二月戊申，班第還。阿睦爾撒納定

	乾隆二十年乙亥
	清保
	傅森 十二月庚戌遷。額爾
	達爾黨阿 五月癸巳遷。綽
邊左副將軍。	哈達哈 八月定邊左副將
	富昌
	李侍堯 五月辛卯遷。明安
	德爾素
	薩拉善

乾	
清	
額	登寧古塔將軍。
達	爾多署黑龍江將軍。七月遷。達色代。
哈	軍。
富	
富	熱河副都統。十月庚戌，富當阿代。
阿	
德	
薩	

隆二十一年丙子

保

爾登

色八月壬寅遷。綽爾多黑龍江將軍。

達哈八月乙巳回京。成袞札布定邊左副

昌

當阿

蘭泰十二月辛巳，烏里雅蘇台參贊大臣。

爾素

拉善

	乾隆二十二年丁丑,是年改寧古
	清保
	額爾登八月丁卯卒。薩喇善吉林
	綽爾多
將軍。	成袞札布
	富昌四月庚午來京。松阿里綏遠
	富當阿
	阿蘭泰
	德爾素
	官保五月,駐藏辦事大臣。

塔將軍爲吉林將軍。

將軍。

城將軍。丙子遷。保德代。

乾隆二十三年

清保

薩喇善

綽爾多

成袞札布

保德

富當阿

阿蘭泰二月乙

德爾素二月甲

官保

戊寅
西。遷福祿烏里雅蘇台參贊大臣。三月庚
申。召積福西寧辦事大臣。

	乾隆二十四年己卯,設
	清保
	薩喇善
	綽爾多
	成衮扎布
	保德
	富當阿
	安泰十一月,烏魯木齊
寅召。扎隆阿代。	福祿
	五吉正月,哈密辦事大
	書山喀喇沙爾辦事大
	德舒庫車辦事大臣。八
	永貴召。二月甲子,舒赫
	永慶烏什辦事大臣。
	阿里衮九月甲戌,以參
	積福五月乙亥遷。多爾
	官保

喀什噶爾參贊大臣,烏魯木齊、哈密、喀

辦事大臣。

臣。

臣。

月壬辰遷。德文署。九月庚辰,納世通代。

德阿克蘇辦事大臣。八月壬午遷。納世

贊大臣留駐葉爾羌。

濟西寧辦事大臣。

喇沙爾、庫車、阿克蘇、烏什、葉爾羌等處辦

通代。九月遷。阿桂代。

乾隆二十五年庚辰	事大臣。
清保	
薩喇善十月戊寅革。恆祿吉林	
綽爾多	
成袞札布	
恆祿十月戊寅遷。如松綏遠城	
富當阿	
安泰	
福祿	
海明六月丁酉，喀什噶爾辦事	
五吉正月戊辰遷。永寧哈密辦	
書山七月戊午遷。納世通喀喇	
納世通七月戊午遷。書山庫車	
阿桂赴伊犂，舒赫德阿克蘇辦	
永慶	
阿里袞三月戊辰，新柱葉爾	
多爾濟	
官保	

	乾隆二十六年辛巳，是
	清保
將軍。	恆祿
	綽爾多
	成袞札布
將軍。	如松十一月辛卯遷。舒
	額爾登額
	嵩椿十一月辛丑，察哈
	安泰四月己卯召。旌額
	福祿召。九月己未，扎拉
	扎拉豐阿科布多參贊
大臣。	海明正月甲寅遷。舒赫
事大臣。	永寧遷。七月甲子，三寶
沙爾辦事大臣。	納世通召。四月己卯，達
辦事大臣。	書山召。四月己卯，鄂寶
事大臣。	舒赫德遷。正月甲寅，海
	永慶
羌辦事大臣。	新柱
	多爾濟
	官保正月遷。輔鼐駐藏

年設察哈爾都統。十月己巳,設科布多參

明綏遠城將軍。

爾都統。

理烏魯木齊辦事大臣。

豐阿烏里雅蘇台參贊大臣。尋遷。莽古賚

大臣。

德喀什噶爾參贊大臣。永貴代。

哈密辦事大臣。

桑阿喀喇沙爾辦事大臣。

庫車辦事大臣。

明阿克蘇辦事大臣。

辦事大臣。

贊大臣。	乾隆二十七年壬午，設庫倫辦
	清保閏五月遷。癸亥，舍圖肯盛
	恆祿
	綽爾多八月丙辰卒。國多歡黑
	成袞札布
	明瑞十月伊犂將軍。
	舒明正月丁巳卒。蘊著綏遠城
	額爾登額
	嵩椿閏五月辛酉遷。巴爾品察
	旌額理
	諾木渾庫倫辦事大臣。
代。	莽古賚
	扎拉豐阿
	愛隆阿十一月辛酉，伊犂參贊
	永貴十二月壬子召。納世通喀
	三寶
	達桑阿
	鄂寶
	海明
	永慶四月丁亥遷。素誠烏什辦
	新柱
	多爾濟正月甲寅遷。容保西寧
	輔鼐

事大臣、伊犂將軍。	乾隆二十八年癸未
京將軍。	舍圖肯
	恆祿
龍江將軍。	國多歡十二月甲午
	成袞札布十一月乙
	明瑞
將軍。	蘊著
	額爾登額
哈爾都統。	巴爾品
	旌額理十二月丁未
	諾木渾正月戊寅革。
	莽古賚
	扎拉豐阿十一月乙
大臣。	愛隆阿
什噶爾參贊大臣。	納世通正月甲申,以
	三寶九月己卯,亢
	達桑阿
	鄂寶
	海明二月甲辰召。卡
事大臣。	素誠
	新柱召。五月丙戌,額
辦事大臣。	七十五十月丙申,西
	輔鼐

召。富僧阿黑龍江將軍。

卯入覲。扎拉豐阿署烏里雅蘇台將軍。

召。綽克托烏魯木齊辦事大臣。

福德庫倫辦事大臣。十一月癸酉革。丑

卯還。雅郎阿暫充。

參贊大臣總理回疆事務。

寶哈密辦事大臣。

塔海阿克蘇辦事大臣。

爾景額葉爾羌參贊大臣。

寧辦事大臣。

乾隆二十九年甲申	
舍肯圖	
恆祿	
富僧阿	
成袞札布	成袞札布尋回任。
明瑞	
藴著	
額爾登額正月遷。瑪	
巴爾品	
綽克托七月遷。伍彌	
丑達	達代。
莽古賚十二月召。常	
扎拉豐阿六月甲申	
愛隆阿	
伍岱七月戊辰,塔爾	
納世通	
亢寶	
達桑阿五月丁卯回	
鄂寶	
卡塔海	
素誠	
額爾景額	
七十五	
輔鼐正月丁亥召。阿	

乾	
舍	
恆	
富	
成	
明	
蘊	
瑪	常熱河副都統。
巴	
伍	泰烏魯木齊辦事大臣。
丑	
常	復烏里雅蘇台參贊大臣。
玉	召。玉柱科布多參贊大臣。
愛	
綽	巴哈台參贊大臣。八月卸。綽克托代。
納	
薩	
明	京。明保喀喇沙爾辦事大臣。
鄂	
卡	
素	
額	
丑	
七	
阿	敏爾圖駐藏辦事大臣。

隆三十年乙酉

肯圖

祿

僧阿

袞札布

瑞

著十二月戊申遷。嵩椿綏遠城將軍。

常

爾品

彌泰

達遷。閏二月辛亥，索琳庫倫辦事大臣。七

復

柱

隆阿

克托五月，伊勒圖代。十一月，阿桂塔爾

世通閏六月辛亥回京。額爾景額喀什噶爾

瀚八月乙丑，哈密辦事大臣。

保

寶

塔海三月革。伊勒圖阿克蘇辦事大臣。五

誠閏二月被戕。八月丁卯，永貴烏什辦事

爾景額遷。閏二月辛亥，丑達葉爾羌辦事

達和闐辦事大臣。七月甲戌遷。富勒赫代。

十五

敏爾圖

月癸未免。福鼐代。

巴哈台參贊大臣。

爾參贊大臣。三月壬寅,永貴代。八月遷。

月遷。訥蘇肯代。

大臣。

大臣。丑達遷。額爾景額仍任。

八月戊申,巴延弼和闐辦事大臣。

乾隆三十一年丙戌
舍圖肯
恆祿
富僧阿
成衮札布
明瑞
嵩椿 十二月丙辰免。巴祿綏遠城將軍。
呼什圖
巴爾品 九月辛巳免。安泰察哈爾都統。
伍彌泰 二月丁卯召。溫福烏魯木齊辦
福鼐
常復
玉桂 二月丁卯召。達桑阿科布多參贊
愛隆阿 三月庚寅卒。烏勒登伊犁參贊
阿桂 遷。五月甲午，烏勒登塔爾巴哈台
綽克托 二月丁巳，喀什噶爾辦事大臣。
薩瀚
范時綬
鄂寶 三月癸未，弘晌庫車辦事大臣。

永貴
額爾景額 遷。五月癸巳，旌額理葉爾羌
巴延弼
七十五 召。六月甲辰，海明西寧辦事大
阿爾圖 四月辛亥，回京。官保駐藏辦

	乾隆三十二
	舍圖肯七月
	恆祿
	富僧阿
	成袞札布
	明瑞三月乙
	巴祿
	呼什圖七
	安泰
事大臣。	溫福
	福鼐九月
	常復
大臣。	玉柱九月己
大臣。五月甲午遷。阿桂代。	伊勒圖五月
參贊大臣。	烏勒登九
	綽克托八
	薩瀚六月庚
	范時綬遷。五
	弘晌
	永貴
辦事大臣。	旌額理
	巴延弼
臣。十二月癸丑,被劾查辦。	傅景九月,青
事大臣。	官保召。莽古

乾	年丁亥
新	辛丑免。新柱盛京將軍。
恆	
富	
成	
阿	丑遷。阿桂伊犁將軍。
巴	
瑪	己未，瑪常熱河副都統。
安	
溫	
慶	壬辰，慶桂庫倫辦事大臣。
常	
札	酉回京。札隆阿科布多參贊大臣。
	己巳，伊犁參贊大臣。八月遷。
巴	月壬辰，巴爾品塔爾巴哈台參贊大臣。
安	月丙子，伊勒圖喀什噶爾辦事大臣。
文	子革。文綬哈密辦事大臣。
常	月庚子，常鈞喀喇沙爾辦事大臣。
弘	
永	
旌	
巴	
傅	海辦事大臣。
莽	賚駐藏辦事大臣。

隆三十三年戊子	
柱	正月丙午卒。明福盛京將軍。十二月乙
祿	
僧	阿九月己酉遷。傅玉黑龍江將軍。
袞	札布
桂	二月丙戊召。伊勒圖署伊犂將軍。十月
祿	三月乙巳遷。傅良綏遠城將軍。
常	二月丙戊遷。呼什圖熱河副都統。
泰	三月乙巳遷。巴祿察哈爾都統。
福	
桂	
復	
隆	阿二月丙戊遷。積福科布多參贊大臣。
爾	品
泰	三月乙巳,喀什噶爾辦事大臣。
綬	遷。托穆齊圖哈密辦事大臣。
鈞	
晌	
貴	五月庚申回京。舒赫德烏什參贊大臣。
額	理
彥	弼十一月庚寅回京。敬善和闐辦事大
景	
古	賚

乾隆三十四年己	
額爾德蒙額　正	丑召。額爾德蒙額署。
恆祿正月乙未遷。	
傅玉	
成袞札布	
永貴十月乙卯免。	丙子憂。永貴署。
傅良正月乙未遷。	
呼什圖五月癸亥	
巴祿	
溫福四月己未遷。	
慶桂	
達桑阿召。七月丙	
積福	
巴爾品七月癸巳	
安泰遷。九月丙申,	
托穆齊圖遷。七月	
常鈞	
弘晌	
舒赫德　八月辛	
旌額理八月辛未	
敬善	臣。
傅景	
莽古賚	

丑

月乙未，恆祿盛京將軍。

傅良吉林將軍。

增海署。十二月辛亥遷。伊勒圖伊犁將

常在綏遠城將軍。二月癸未革。諾倫代。

免。三全熱河副都統。

福森布烏魯木齊辦事大臣。九月丙申，

申，華山烏里雅蘇台參贊。三月己丑，伊

革。留九月丙申免。安泰代。

福森布喀什噶爾辦事大臣。

戊子，景善哈密辦事大臣。

未，旌額理烏什參贊大臣。

遷。期成額葉爾羌參贊大臣。

	乾隆三十五年庚寅
	恆祿
	傅良　四月乙未召。富椿吉林
	傅玉　七月丙午召。增海黑龍
	成袞札布
軍。	伊勒圖
	諾倫
	三全
	巴祿　十二月丁酉卒。常清察
巴彥弼代。	巴彥弼
	慶桂
爾圖代。	伊爾圖
	積福　召。書景阿科布多參贊
	安泰
	福森布
	景善
	常鈞
	弘晌　正月遷。
	旌額理　五月辛丑，舒赫德
	期成額
	敬善
	傅景　十月乙未召。伍彌泰西
	莽古賚

將軍。
江將軍。
哈爾都統。
大臣。
仍任烏什參贊大臣。
寧辦事大臣。

乾隆三十六年辛卯
恆祿
富椿
增海
成袞札布八月己丑
伊勒圖七月丁未遷。
諾倫
三全
常清
巴彥弼十一月，改
慶桂
伊爾圖免。九月戊申，
書景阿九月丁未回

安泰十月己巳，伊
福森布
佛德
實麟
達色正月庚申，庫車

舒赫德二月癸酉召。
期成額
敬善
伍彌泰
莽古賚

卒。車布登札布定邊左副將軍。

十月己巳，舒赫德伊犂將軍。

設烏魯木齊參贊大臣。

伍訥璽代。十一月壬子，多敏烏里雅蘇

京。福德科布多參贊大臣。

勒圖塔爾巴哈台參贊大臣。

辦事大臣。

旌額里烏什參贊大臣。七月丁未卒。伊

乾隆三十	
恆祿六月	
富椿	
增海六月	
車布登扎	
舒赫德	
諾倫五月	
三全	
常清	
巴彥弼	
柏堃	
多敏	台參贊大臣。
福德	
伊勒圖	
福森布	
佛德	
實麟	
達色	
安泰	勒圖代。十月己巳遷。安泰代。
期成額	
敬善	
伍彌泰	
莽古賚	

乾	七年壬辰
增	辛亥，卒。增海盛京將軍。
富	
傳	辛亥，遷。傳玉黑龍江將軍。
車	布
舒	
容	丁卯，卒。容保綏遠城將軍。
三	
常	
索	三月，索諾木策凌烏魯木齊參贊大臣。
柏	
多	
福	
慶	
伊	
福	
佛	
實	
達	
安	
期	
敬	
伍	
莽	

隆三十八年癸巳五月癸丑，裁烏魯木齊
海五月辛亥卒。弘晌盛京將軍。
椿
玉
布登札布十月己酉免。瑚圖靈阿定邊左
赫德七月戊午召。伊勒圖伊犂將軍。
保
全
清
訥木策凌改烏魯木齊都統。
堃
敏九月甲戌遷。車布楚克札烏里雅蘇台
德遷。九月甲戌，多敏科布多參贊大臣。
桂四月辛亥，伊犂參贊大臣。七月遷。
勒圖七月戊午召。慶桂塔爾巴哈台參贊
森布
德十一月壬申召。明起哈密辦事大臣。
麟六月甲午遷。達色喀喇沙爾辦事大臣。
色六月甲午遷。實麟庫車辦事大臣。

泰四月丙戌召。綽克托烏什參贊大臣。
成九月壬申召。瑪興阿葉爾羌辦事大
善十二月戊戌回京。常福和闐辦事大臣。
彌泰十一月遷。福祿西寧辦事大臣。
古賚十一月壬申回京。伍彌泰駐藏辦事

乾隆三十	參贊大臣,設烏魯木齊都統。
弘响	
富椿	
傅玉	
瑚圖靈阿	副將軍。
伊勒圖	
容保	
三全	
常淸	
索諾木策	
柏埜	
托雲	參贊大臣。托雲代。
多敏	
慶桂	大臣。
福森布十	
明起	
達色	
實麟二十	
綽克托	
瑪興阿	臣。
常福	
福祿	
伍彌泰	大臣。

九年甲午

凌

二月癸卯回京。申保喀什噶爾辦事大臣。

月遷。常喜代。

乾隆四十年乙未	
弘晌	
富椿	
傅玉	
瑚圖靈阿	
伊勒圖	
容保	
三全	三月丁巳遷。多鼐熱河副都統。
常清	
索諾木策凌	
柏堃	正月甲寅回京。索琳庫倫辦事大
托雲	四月己丑回京。明善烏里雅蘇台
多敏	
慶桂	
申保	遷。十月，雅德喀什噶爾辦事大臣。
明起	
達色	
常喜	
綽克托	
瑪興阿	
常福	
福祿	十一月乙酉革。惠齡西寧辦事大
伍彌泰	十月己卯回京。留保住駐藏辦

	乾隆四十一年丙申
	弘晌
	富椿
	傅玉
	瑚圖靈阿 八月戊申，巴圖
	伊勒圖
	容保 十月壬申召。伍彌泰綏
	多鼐
	常清
	索諾木策凌
臣。	索琳
參贊大臣。	明善 遷。正月甲申，法福禮烏
	多敏 正月甲申回京。明善科
	瑚圖靈阿 召。八月戊申，拉旺
	慶桂
	雅德
	明起 十月甲辰召。佛德哈密
	達色 十月乙丑召。觀音保喀
	常喜
	綽克托
	瑪興阿 十月甲辰召。高樸葉
	常福 罷。十二月辛酉，德風和
臣。	惠齡
事大臣。	留保住

乾	
弘	
富	
傅	
巴	定邊左副將軍。
伊	
雅	遠城將軍。十二月戊申遷。雅朗阿代。
多	
常	
索	
索	
法	里雅蘇台參贊大臣。
明	布多參贊大臣。
	多爾濟伊犂參贊大臣。
慶	
雅	
佛	辦事大臣。
觀	喇沙爾辦事大臣。
常	
綽	
高	爾羌辦事大臣。
德	闐辦事大臣。
惠	
留	

隆		四十二年丁酉
晌		
椿		六月癸丑遷。福康安吉林將軍。
玉		
圉		
勒	圖	
朗	阿	
鼐		
清		
諾	木	策凌
琳		
福	禮	三月戊子遷。恆山保烏里雅蘇台參
善		
桂		
德		二月辛丑召。鄂蘭喀什噶爾辦事大臣。
德		
音	保	
喜		
克	托	
樸		
風		
齡		三月戊子回京。法福禮西寧辦事大臣。
保	住	

	乾隆四十三年戊戌
	弘晌十一月己酉免。福康安盛
	福康安十一月己酉遷。和隆武
	傅玉
	巴圍
	伊勒圖
	雅朗阿
	多鼐
	常清
	索諾木策凌
	索琳七月召。傅清額庫倫辦事
贊大臣。	恆山保
	明善六月壬辰革留。
	慶桂
	鄂蘭
	佛德
	觀音保九月庚戌召。海成喀喇
	常喜
	景福十一月庚寅,阿克蘇辦事
	綽克托二月乙巳遷。永貴烏什
	高樸革逮。九月壬寅,復興葉爾
	德風
	法福禮
	留保住

乾隆四	
福康安	京將軍。
和隆武	吉林將軍。
傅玉八	
巴圍	
伊勒圖	
雅朗阿	
恆秀	
常清	
索諾木	
博清額	大臣。
恆山保	
明善	
慶桂	
鄂蘭兗。	
佛德	
惠齡暫	沙爾辦事大臣。
常喜	
景福	大臣。
永貴正	參贊大臣。
復興	羌辦事大臣。甲辰，瑪興阿暫管。
德風	
法福禮	
索琳正	

十四年己亥

月庚辰召。永琫黑龍江將軍。

四月襲爵。弘晌綏遠城將軍。

策凌

瑪興阿正月甲午，喀什噶爾辦事大臣。

代。

月丁未來京。保申烏什參贊大臣。

月辛丑，駐藏辦事大臣。

乾隆四十五年庚子

福康安三月丁酉遷。索諾木策凌盛京

和隆武

永瑋

巴圖十一月壬午革。慶桂定邊左副將

伊勒圖

弘晌

恆秀

常清

索諾木策凌三月丁酉遷。奎林烏魯木

博清額 五月,勒保庫倫辦事大臣。

恆山保

明善

申保十一月丙申,伊犂參贊大臣。

慶桂遷。惠齡十一月壬午,塔爾巴哈台

瑪興阿十一月癸未回京,景福喀什噶

佛德

海成

常喜二月丁丑回京。景福庫車辦事大

景福遷。二月丁丑,烏什哈達阿克蘇辦

申保十一月丙申遷。綽克托烏什參贊

復興

德風

諾穆歡六月,西寧辦事大臣。

索琳二月庚戌卒。保泰駐藏辦事大臣。

乾隆四十六	
索諾木策凌	將軍。
和隆武	
永瑋	
慶桂七月丙	軍。
伊勒圖	
弘晌三月甲	
恆秀	
常清	
奎林七月丙	齊都統。
勒保	
恆山保	
明善	
申保	
惠齡	參贊大臣。
景福九月丙	爾辦事大臣。
佛德十月	
海成	
福祿	臣。十一月癸未遷。福祿代。
法靈阿	事大臣。六月,法靈阿代。
綽克托	大臣。
復興	
德風革。八月	
諾穆歡五月	
博清額	博清額代。

年辛丑	乾	隆
	索	諾
	和	隆
	永	瑋
午免。奎林烏里雅蘇台將軍。	奎	林
	伊	勒
午卒。嵩椿綏遠城將軍。	嵩	椿
	恆	秀
	常	清
午遷。明亮烏魯木齊都統。	明	亮
	勒	保
	恆	山
	明	善
	伍	岱
辰召。阿揚阿喀什噶爾辦事大臣。	阿	揚
丁亥，哈精阿哈密辦事大臣。	哈	精
	海	成
	海	成
	法	靈
	綽	克
	復	興
丁酉，德文代。	德	文
丁酉革。留保住西寧辦事大臣。	留	保
	博	清

四十七年壬寅

木策凌五月丁酉革。慶桂盛京將軍。九

武八月癸酉卒。永瑋護。九月乙巳，慶桂

八月癸酉遷。恆秀黑龍江將軍。

圖

八月癸酉遷。恆瑞熱河副都統。

十二月甲申遷。烏爾圖納遜察哈爾都

保

十二月，海寧科布多參贊大臣。

阿四月壬申回京。達爾吉善喀什噶爾

阿

改。福祿喀喇沙爾辦事大臣。

庫車辦事大臣。

阿

托

二月甲申回京。阿揚阿葉爾羌辦事大

佳

額

乾隆	
永瑋	月乙巳遷。永瑋代。
慶桂	吉林將軍。
恆秀	
奎林	
伊勒	
嵩椿	
恆瑞	
烏爾	統。
明亮	
勒保	
恆山	
海寧	
伍岱	
保成	辦事大臣。十二月甲申召。保成代。
哈精	
福祿	
海成	
法靈	
綽克	
阿揚	臣。
德文	
留保	
博清	

四十八年癸卯

圖六月辛酉陛見。明亮署。八月甲戌革。伊

圖納遜

六月辛酉遷。海祿署。烏魯木齊都統。

保十一月己酉回京。阿克棟阿烏里雅蘇

十一月己酉回京。納爾瑚善塔爾巴哈台

阿十二月己未回京。穆和蘭哈密辦事大

十月丁亥回京。雅滿泰庫車辦事大臣。

阿十一月戊申召。國棟阿克蘇辦事大臣。

托

阿

住

額

	乾隆四十九年甲辰
	永瑋
	慶桂 三月辛酉遷。都爾嘉
	恆秀
	奎林
勒圖仍任。	伊勒圖
	嵩椿 六月癸卯遷。烏爾圖
	恆瑞
	烏爾圖納遜 六月癸卯遷。
	海祿 四月丁未遷。七月甲
	勒保
台參贊大臣。	阿克棟阿
	海寧
參贊大臣。	保泰
	保成
臣。	
	福祿 十一月辛巳遷。雅滿
	雅滿泰 十一月辛巳，尙
	國棟
	綽克托 免。四月丁未，海祿
	阿揚阿
	德文
	留保住 遷。十一月辛巳，福
	博清額 十一月辛巳回京。

吉林將軍。

納遜綏遠城將軍。九月丁丑遷。積福代。

積福察哈爾都統。九月乙丑遷。烏爾圖

子，長清烏魯木齊都統。

泰喀喇沙爾辦事大臣。

安庫車辦事大臣。十二月辛卯遷。陽春保

烏什參贊大臣。

祿西寧辦事大臣。

留保住駐藏辦事大臣。

	乾隆五十年乙巳
	永瑋
	都爾嘉
	恆秀
	奎林三月戊辰遷。復興烏里
	伊勒圖七月乙亥卒。奎林伊
	積福
	恆瑞
納遜仍任。	烏爾圖納遜
	長清三月戊辰遷。奎林烏魯
	勒保召。松筠十月丁丑，庫倫
	阿克棟阿
	海寧
	永鐸三月伊犂參贊大臣。明
	惠齡十二月丙戌回京。慶桂
	保成
	福廣二月甲辰，哈密辦事大
	雅滿泰
代。	陽春保
	國棟
	海祿九月，降。明亮烏什參贊
	阿揚阿三月召。塔琦葉爾羌
	德文十月庚子，博興和闐
	福祿
	留保住

雅蘇台將軍。正月己巳，拉旺多爾濟署。

犁將軍。

木齊都統。七月乙巳，永鐸代。

辦事大臣。

亮八月伊犁參贊大臣。

塔爾巴哈台參贊大臣。

臣。

大臣。

辦事大臣。

辦事大臣。

乾隆五十一年丙午十二月，改喀什噶

永瑋

都爾嘉

恆秀

復興

奎林

積福八月遷。嵩椿綏遠城將軍。

恆瑞

烏爾圖納遜

永鐸

松筠

阿克棟阿

海寧召。九月戊子，保泰科布多參贊大

海祿三月戊辰，伊犂參贊大臣。

慶桂九月戊子回京。永保塔爾巴哈台

保成召。明亮十二月移駐喀什噶爾，爲

巴延三八月丁卯，伊桑阿哈密辦事

雅滿泰八月己未，尚安喀喇沙爾辦

陽春保

國棟

明亮移駐。特成額十二月戊申，烏什辦

塔琦

博興

福祿正月丙寅回京。普福西寧辦事大

留保住八月己未召。慶麟駐藏辦事大

乾隆五十二	爾辦事大臣為參贊大臣。
永瑋卒。十二	
都爾嘉	
恆秀	
復興	
奎林十一月	
嵩椿	
恆瑞十二月	
烏爾圖納遜	
永鐸十二月	
松筠	
阿克棟阿	
保泰	臣。
永保	參贊大臣。
明亮	喀什噶爾參贊大臣。
伊桑阿	大臣。
尚安遷。十二	事大臣。
陽春保	
國棟卒。三月	
特成額	事大臣。
塔琦	
博興遷。二月	
普福	臣。
慶麟十二月	臣。

年丁未

月庚申，永鐸盛京將軍。

乙酉革。保寧伊犂將軍。永鐸署。

己卯召。恆善保熱河副都統。

庚申遷。尚安烏魯木齊都統。

月庚申，德勒格楞貴喀喇沙爾辦事大臣。

己卯，福崧阿克蘇辦事大臣。

戊午，格綳額和闐辦事大臣。

革。舒廉駐藏辦事大臣。

	乾隆五十三年戊申
	永鐸八月免。十月癸卯，都爾
	都爾嘉十月癸卯遷。恆秀吉
	恆秀十月癸卯遷。琳寧黑龍
	復興
	保寧
	嵩椿十月癸卯遷。興肇綏遠
	恆善保
	烏爾圖納遜
	尚安
	松筠
	伍彌烏遜五月，烏里雅蘇台
	保泰
	恆瑞十月癸卯，伊犂參贊大
	永保
	明亮
	伊桑阿
穆和蘭署。	德勒格楞貴
	陽春保召。十一月戊寅，奎舒
	福崧
	特成額革。明興七月，烏什辦
	塔琦
	格綳額召。李侍政十一月，和
	普福遷。十二月辛丑，奎舒西
	舒廉

乾隆	
都爾	嘉盛京將軍。
恆秀	林將軍。
琳寧	江將軍。
復興	
保寧	
興肇	城將軍。
富昌	
伍爾	
尚安	
松筠	
烏彌	參贊大臣。
保泰	
恆瑞	臣。
永保	
明亮	
伊桑	
德勒	
秀林	庫車辦事大臣。十二月遷。秀林代。
福崧	
明興	事大臣。
塔琦	
李侍	闐辦事大臣。
奎舒	寧辦事大臣。
舒濂	

五十四年己酉

嘉四月壬子遷。嵩椿盛京將軍。

四月壬子遷。琳寧吉林將軍。

四月壬子遷。都爾嘉黑龍江將軍。

四月卒。恆瑞烏里雅蘇台將軍。

圖納遜十月壬戌降。保泰察哈爾都統。

烏遜遷。十月乙卯,佛住烏里雅蘇台參

十月遷。伍彌烏遜科布多參贊大臣。

四月遷。

阿

格楞貴召。十二月,烏爾圖那遜喀喇沙

遷。二月,雅滿泰阿克蘇辦事大臣。

六月,毓奇烏什辦事大臣。

罷。二月甲辰,福崧代。六月丙子,明興葉

政

乾隆五十五年庚戌	
嵩椿	
琳寧	
都爾嘉	
恆瑞	
保寧四月入覲。永保署	
興肇	
富昌	
保泰八月丁亥遷。烏爾	
尚安	
松筠	
佛住	贊大臣。
伍彌烏遜	
永保	
明亮	
伊桑阿七月己巳回京。	
烏爾圖那遜遷。八月，德	爾辦事大臣。
秀林	
雅滿泰五月戊戌遷。舒	
毓奇十一月遷。富尼善	
明興	爾羌辦事大臣。
李侍政	
奎舒	
舒濂五月戊戌遷。普福	

乾隆五	
嵩椿	
琳寧九	
都爾嘉	
恆瑞	
永保三	伊犁將軍。
興肇	
富昌	
烏爾圖	圖納遜察哈爾都統。
尚安	
松筠十	
佛住	
伍彌烏	
永保	
明亮十	
書麟	書麟哈密辦事大臣。
德勒克	勒克扎布喀喇沙爾辦事大臣。
秀林	
佛住	濂阿克蘇辦事大臣。
富尼善	烏什辦事大臣。
明興遷。	
李侍政	
奎舒	
保泰九	駐藏辦事大臣。八月，保泰代。

十六年辛亥

九月庚辰，琳寧盛京將軍。

月庚辰遷。恆秀吉林將軍。

十二月丁卯回京。明亮黑龍江將軍。

月卸。保寧回伊犁將軍。

納遜

月遷。十一月，普福庫倫辦事大臣。

遜

二月丁卯遷。明興喀什噶爾參贊大臣。

札布

十二月丁卯，琅玕葉爾羌辦事大臣。

月革。奎林駐藏辦事大臣。十一月，鄂輝代。

乾隆五十七年壬子	
琳寧	
恆秀	
明亮	
恆瑞	
保寧	
興肇	十月癸巳召。圖桑阿綏遠城將軍。
保成	
烏爾圖納遜	
尚安	
普福	八月革逮。博興庫倫辦事大臣。
佛住	
伍彌烏遜	
永保	
明興	
德勒克扎布	
秀林	
佛住	
富尼善	
琅玕	
李侍	政四月議。十二月,託倫和闐辦事
奎舒	
鄂輝	

	乾隆五十八年癸丑
	琳寧
	恆秀
	明亮
	恆瑞
	保寧
	圖桑阿
	保成
	烏爾圖納遜
	尚安
	博興
	特成額五月,烏里雅蘇台參贊大
	伍彌烏遜五月己酉還。棍楚克札
	永保還。五月己酉,伍彌烏遜塔爾
	明興五月己酉召。永保喀什噶爾
	雅德四月庚戌,哈密辦事大臣。
	德勒克札布
	秀林還。伊桑阿正月,庫車辦事大
	佛住
	富尼善
	琅玕
大臣。	託倫
	特克慎
	鄂輝改。五月,和琳駐藏辦事大臣。

乾隆五十九年甲	
琳寧	
恆秀正月乙卯革。	
明亮十二月丙子	
恆瑞	
保寧十二月庚子	
圖桑阿十二月丙	
保成十二月丙子	
烏爾圖納遜	
尙安六月,更名宜	
博興	
特成額	臣。
棍楚克扎布	布科布多參贊大臣。
伍彌烏遜	巴哈台參贊大臣。
永保	參贊大臣。
雅德	
德勒克扎布	
伊桑阿	臣。
佛住	
富尼善	
琅玕	
託倫	
特克愼	
和琳七月遷。松筠	

乾	寅
琳	
秀	寶琳吉林將軍。九月丁酉卒。秀林代。
舒	遷。舒亮黑龍江將軍。
恆	
明	遷。明亮伊犂將軍。
永	子遷。永琨綏遠城將軍。
那	遷。那奇泰熱河副都統。
烏	
宜	綿。
博	
特	
棍	
伍	
永	
雅	
德	
伊	
佛	
富	
琅	
託	
特	
松	駐藏辦事大臣。

隆六十年乙卯

寧

林

亮九月乙丑革。永琨黑龍江將軍。

瑞八月壬午遷。永琨烏里雅蘇台將軍。九

亮九月丙寅革。保寧伊犂將軍。

琨八月壬午遷。恆瑞綏遠城將軍。九月乙

奇泰

爾圖納遜九月乙丑遷。博興察哈爾都統。

綿五月丁巳遷。九月,永保烏魯木齊都統。

興遷。九月乙丑,特克愼庫倫辦事大臣。

成額召。五月,額勒春烏里雅蘇台參贊大

楚克扎布

彌烏遜

保五月遷。琅玕喀什噶爾參贊大臣。

德五月遷。穆和藺哈密辦事大臣。

勒克扎布正月遷。普福喀喇沙爾辦事大

桑阿

住正月遷。陽春保阿克蘇辦事大臣。

尼善正月遷。雅爾泰烏什辦事大臣。

玕五月遷。雅德葉爾羌辦事大臣。九月乙

倫閏二月庚寅回京。徐績和闐辦事大臣。

克愼遷。九月乙丑,策巴克西寧辦事大臣。

筠

月乙丑遷。圖桑阿代。

丑遷。烏爾圖納遜代。

臣。

臣。

丑，明興代。

清史稿卷二百七

表四十七

疆臣年表十一

各邊將軍都統大臣

嘉慶元年丙辰
盛京將軍
吉林將軍
黑龍江將軍
烏里雅蘇台將軍
伊犂將軍
綏遠城將軍
熱河都統
察哈爾都統
烏魯木齊都統
庫倫辦事大臣
烏里雅蘇台參贊大臣
科布多參贊大臣
伊犂參贊大臣
塔爾巴哈台參贊大臣
喀什噶爾參贊大臣
哈密辦事大臣
喀喇沙爾辦事大臣
庫車辦事大臣
阿克蘇辦事大臣
烏什辦事大臣
葉爾羌辦事大臣
和闐辦事大臣
西寧辦事大臣
駐藏辦事大臣

琳寧
秀林
永琨
圖桑阿
保寧
烏爾圖那遜三月壬申遷。癸亥,富銳綏
博興
永保三月差。書麟署烏魯木齊都統。
特克慎
額樂春
貢楚克札布九月戊午遷。特成額科布
伍彌烏遜解任。九月戊午,貢楚克扎布
琅玕三月庚戌來京,長麟署喀什噶爾參
僧保住正月戊辰,哈密辦事大臣。
普福
伊桑阿
陽春保
雅爾泰
佛住三月庚戌來京。奇豐額葉爾羌辦
徐績
策巴克
松筠

嘉慶	
琳寧	
秀林	
永琨	
圖桑	
保寧	
富銳	遠城將軍。
博興	
書麟	
特克	
額樂	
富俊	多參贊大臣。十二月戊戌，富俊代。
貢楚	塔爾巴哈台參贊大臣。
長麟	贊大臣。
伍彌	
普福	
伊桑	
陽春	
雅爾	
奇豐	事大臣。
徐績	
策巴	
松筠	

二年丁巳

遷。五月丁巳，額爾博黑龍江將軍。

阿五月庚戌，免。永琨烏里雅蘇台將軍。

慎

春四月辛卯，革。花尚阿烏里雅蘇台參

克札布

烏遜

二月解任。阿爾塔錫第喀喇沙爾辦事

阿

保

泰

額

克四月己未，解任。奎舒西寧辦事大臣。

嘉慶三年戊午	
琳寧	
秀林	
額爾博二月丁未病免。那奇泰	
永琨	
保寧	
富銳遷。五月丙子，永慶綏遠城	
博興	
書麟	
特克愼八月遷。普福庫倫辦事	
花尚阿	贊大臣。
富俊	
貢楚克札布	
長麟	
伍彌烏遜	
阿爾塔錫第	大臣。
伊桑阿	
陽春保	
雅爾泰六月癸巳革逮。烏爾圖	
奇豐額	
徐績	
奎舒	
松筠	

	嘉慶四年己未
	琳寧
	秀林
黑龍江將軍。	那奇泰
	永琨三月乙亥來
	保寧
將軍。	永慶
	博興
	書麟正月壬戌召。
大臣。	普福二月回京。佛
	花尙阿二月回京。
	富俊正月壬戌遷。
	貢楚克札布
	長麟八月戊子召。
	伍彌烏遜回京。十
	阿爾塔錫第遷。二
	伊桑阿九月己巳
	陽春保
那遜烏什辦事大臣。	烏爾圖那遜五月
	奇豐額
	徐績遷。五月乙亥,
	奎舒九月戊辰逮。
	松筠正月庚辰遷。

京。綿佐烏里雅蘇台將軍。

富俊烏魯木齊都統。興奎署。八月戊子，
爾卿額庫倫辦事大臣。
那敏泰烏里雅蘇台參贊大臣。四月回
策巴克科布多參贊大臣。

富俊喀什噶爾參贊大臣。
二月庚戌，佛志哈密辦事大臣。
月庚午，納音喀喇沙爾辦事大臣。
回京。奇臣庫車辦事大臣。
回京。七月庚辰，徐績代。十二月戊子，都

恩長和闐辦事大臣。
台費蔭代。
英善駐藏辦事大臣。

嘉慶五年庚申	
琳寧三月辛酉回	
秀林	
那奇泰正月戊寅	
綿佐	
保寧正月辛酉召。	
永慶	
博興	
興奎	富俊遷。興奎代。
佛爾卿額	
宜緜革。正月丁丑，	京。宜緜代。
策巴克	
貢楚克扎布	
富俊	
佛志	
納音	
奇臣	
陽春保遷。十一月	
都爾嘉十一月己	爾嘉烏什辦事大臣。
奇豐額六月癸丑	
恩長六月回京。興	
台費蔭免。十月辛	
英善正月丁丑革。	

京。晉昌盛京將軍。

降。景熠黑龍江將軍。

松筠伊犁將軍。閏五月甲子革。保寧仍

那奇泰烏里雅蘇台參贊大臣。

己卯，富色鏗額阿克蘇辦事大臣。

卯解任。伊崇阿烏什辦事大臣。勒勒金

解任。托津葉爾羌辦事大臣。

肇和闐辦事大臣。

丑，台布西寧辦事大臣。

和寧駐藏辦事大臣。

嘉慶六年辛酉	
晉昌	
秀林	
景熠 二月戊午革逮。那奇泰黑龍	
綿佐	
保寧	任。
永慶 五月癸巳回京。崇尚綏遠城	
博興 十二月召。觀明察哈爾都統。	
興奎	
佛爾卿額	
那奇泰 二月戊午遷。永保烏里雅	
策巴克	
貢楚克札布	
富俊	
隆福	
納音 五月辛丑回京。綳武布喀喇	
奇臣	
富色鏗額	
伊崇阿	布代。
托津	
興肇	
台布	
和寧 正月遷。英善駐藏辦事大臣。	

	嘉慶七年壬戊
	晉昌
	秀林
江將軍。恆博署。	那奇泰
	綿佐
	保寧正月壬午召。松筠
將軍。	崇尚
	觀明
	興奎七月調。明亮烏魯
	佛爾卿額
蘇台參贊大臣。	永保十一月遷。富俊烏
	策巴克二月遷。宜興科
	貢楚克札布二月召。策
	富俊九月調。托津喀什
	隆福十月己酉遷。麒麟
沙爾辦事大臣。	綳武布九月甲午遷。明
	奇臣遷。十月,隆福庫車
	富色鏗額
	伊崇阿
	托津九月遷。富俊葉爾
	興肇十月遷。弘康和闐
	台布
	英善

伊犁將軍。

木齊都統。

里雅蘇台參贊大臣。
布多參贊大臣。

巴克塔爾巴哈台參贊大臣。十月己酉召。
噶爾參贊大臣。
保哈密辦事大臣。
興喀喇沙爾辦事大臣。十月己酉，那清保保
辦事大臣。

羌辦事大臣。十月還。多山代。
辦事大臣。

	嘉慶八年癸亥
	晉昌八月壬午革。富俊盛京將
	秀林五月癸丑調。富俊吉林將
	那奇泰革。十二月戊寅，觀明黑
	綿佐七月丙午來京。成寬烏里
	松筠
	崇尚八月壬午調。德爾格楞貴
	觀明十二月戊寅調。佛爾卿額
	明亮
	佛爾卿額召。十一月，阿爾達西
	富俊四月留京。常齡烏里雅蘇
	宜興六月戊辰回京。恆博科布
興肇代。	興肇
	托津十月遷。戊戌，和寧喀什噶
	麒麟保十一月辛丑遷。景熠哈
代。	那清保十一月辛丑遷。麒麟保
	隆福遷。十月辛未，那清保庫車
	富色鏗額
	伊崇阿
	多山
	弘康
	台布閏二月丙寅病免。丁卯，都
	英善十一月回京。辛丑，福寧駐

嘉	
富	軍。成林暫署。
秀	軍。八月壬午調。秀林仍任。
觀	龍江將軍。
成	雅蘇台將軍。
松	
奇	綏遠城將軍。十二月卒。癸未，奇臣代。
佛	察哈爾都統。
明	
阿	的庫倫辦事大臣。
常	台參贊大臣。尋改名常安。
恆	多參贊大臣。
興	
和	爾參贊大臣。
景	密辦事大臣。
麒	代。
那	辦事大臣。
富	
伊	
多	
弘	
都	爾嘉西寧辦事大臣。
福	藏辦事大臣。

慶九年甲子

俊

林

明

寬

筠

臣五月己丑遷。春寧綏遠城將軍。

爾卿額

亮五月己丑調。奇臣烏魯木齊都統。

爾達西的四月壬午遷。德勒克扎布庫倫

安

博

肇十月癸酉回京。果勒明阿塔爾巴哈台

寧

熠

麟保十月癸酉回京。來靈喀喇沙爾辦事

清保七月壬寅卒。常明庫車辦事大臣。

色鏗額十月癸酉回京。永慤阿克蘇辦事

崇阿正月壬寅召。綳武布烏什辦事大臣。

山正月甲寅回京。達慶葉爾羌辦事大臣。

康

爾嘉

寧召。十月癸酉，策巴克駐藏辦事大臣。

嘉慶十	
富俊	
秀林	
觀明	
成寬	
松筠	
春寧	
佛爾卿	
奇臣	
玉衡四	辦事大臣。七月己酉召。玉衡代。
常安	
恆博	
果勒明	參贊大臣。
和寧	
景熠十	
來靈	大臣。
常明三	
永慤	大臣。
綳武布	
達慶九	
弘康三	
都爾嘉	
策巴克	

年乙丑

額

月庚辰解任。福海庫倫辦事大臣。

阿九月丁卯降。達慶塔爾巴哈台參贊大

二月壬寅解任。明興哈密辦事大臣。

月壬寅來京。阿爾綳額庫車辦事大臣。

四月戊辰召。晉昌烏什辦事大臣。

月丁卯遷。盛住葉爾羌辦事大臣。

月丙戌遷。繼善和闐辦事大臣。

四月戊辰逮問。玉寧西寧辦事大臣。十月

九月丁巳革。十月壬辰，玉寧駐藏辦事大

嘉慶十一年丙	
富俊	
秀林	
觀明	
成寬	
松筠	
春寧	
佛爾卿額	
奇臣十月乙巳	
福海	
常安	
恆博十月乙未	
達慶	臣。
和寧正月丁巳	
明興正月己巳	
來靈正月己巳	
阿爾綳額正月	
永懿遷。九月己	
晉昌正月壬戌	
盛住	
繼善五月戊辰	
貢楚克扎布十	壬辰遷。貢楚克扎布代。
玉寧	臣。

寅

解任。和寧烏魯木齊都統。

免。倭什布科布多參贊大臣。十一月癸

遷。晉昌喀什噶爾參贊大臣。

議免。成書哈密辦事大臣。十一月庚申

回京。玉慶喀喇沙爾辦事大臣。十一月

丁巳遷。廣厚庫車辦事大臣。

巳，雅滿泰阿克蘇辦事大臣。

遷。范建豐烏什辦事大臣。

來京。永來和闐辦事大臣。

二月戊子解任。恆博代。

嘉慶十二年丁卯	
富俊	
秀林	
觀明	
成寬　九月卒。庚戌，晉	
松筠	
春寧　八月卒。丁酉，來	
佛爾卿額　四月免。癸	
和寧	
福海	
常安　五月己酉回京。	
扎克塔爾	丑革。扎克塔爾代。
達慶　五月己未遷。愛	
晉昌　九月庚戌遷。范	
花尙阿	遷。花尙阿代。
玉慶　五月查辦。乙巳，	遷。十二月仍留。
廣厚　五月乙巳遷。公	
雅滿泰	
范建豐　九月庚戌遷。	
盛住　九月庚戌遷。高	
永來　二月戊子回京。	
恆博　五月乙巳議免。	
玉寧	

昌烏里雅蘇台將軍。

儀綏遠城將軍。

未，貢楚克扎布察哈爾都統。八月丙申

祥保烏里雅蘇台參贊大臣。

星阿塔爾巴哈台參贊大臣。

建豐喀什噶爾參贊大臣。

廣厚喀喇沙爾辦事大臣。

莪庫車辦事大臣。

玉德烏什辦事大臣。

杞葉爾羌辦事大臣。

慶長和闐辦事大臣。

那彥成西寧辦事大臣。

嘉慶十三年戊辰	
富俊	
秀林	
觀明	
晉昌	
松筠	
來儀	
慶怡	革。慶怡代。
和寧十月丙午召。色克通阿	
福海十一月辛卯解任。綳武	
祥保閏五月己丑遷。達祿烏	
札克塔爾十一月辛卯召。策	
愛星阿閏五月己丑議免。祥	
范建豐六月庚申召。積那堪	
花尚阿十一月辛卯解任。成	
廣厚十二月庚申遷。那彥成	
公峩卒。正月乙卯，來靈庫車	
雅滿泰十月乙巳召。那彥寶	
玉德六月戊午病免。積拉堪	
高杞	
慶長十月丙午召。策巴克和	
那彥成三月庚戌遷。文孚西	
玉寧十月乙巳回京。文弼駐	

烏魯木齊都統。

布庫倫辦事大臣。

里雅蘇台參贊大臣。

巴克科布多參贊大臣。

保塔爾巴哈台參贊大臣。

喀什噶爾參贊大臣。成林署。

德哈密辦事大臣。

喀喇沙爾辦事大臣。

辦事大臣。

阿克蘇辦事大臣。

烏什辦事大臣。庚申還。佛倫保代。十一月，

闐辦事大臣。十一月辛卯還。陽春保和闐

寧辦事大臣。

藏辦事大臣。

	嘉慶十四年己巳
	富俊
	秀林十二月辛丑遷。賽冲
	觀明三月己丑遷。斌靜黑
	晉昌三月己丑遷。觀明烏
	松筠三月己丑革。晉昌伊
	來儀
	慶怡
	色克通阿正月庚辰免。興
	綳武布
	達祿
	策巴克九月壬午回京。長
	祥保
	積拉堪四月戊戌召。松筠
	成德
	那彥成二月遷。哈豐阿喀
	來靈
	那彥寶
阿爾松阿代。	阿爾松阿
	高杞病免。二月戊申，那彥
辦事大臣。	陽春保六月甲午遷。台斐
	文孚
	文弼

阿吉林將軍。

龍江將軍。

里雅蘇台將軍。

犁將軍。

奎烏魯木齊都統。

齡科布多參贊大臣。

喀什噶爾參贊大臣。六月丙午遷。那彥成

喇沙爾辦事大臣。十月辛丑遷。色克通阿

成葉爾羌辦事大臣。六月丙午遷。伊鏗額

音和闐辦事大臣。

嘉慶	
富俊	
賽沖	
斌靜	
觀明	
晉昌	
來儀	
積拉	
慶怡	
興奎	
綳武	
達祿	
長齡	
祥保	
伊鏗	代。十二月遷。伊鏗額代。
成德	
色克	代。
來靈	
那彥	
阿爾	
貢楚	代。十二月壬辰遷。貢楚克扎布代。
台斐	
文孚	
文弼	

十五年庚午六月戊戌，設熱河都統。
八月己丑革。觀明盛京將軍。
阿

八月己丑遷。慶溥烏里雅蘇台將軍。

堪六月戊戌，熱河都統。八月遷。毓秀代。
十二月遷。興肇察哈爾都統。

布二月戊戌降。己亥，台斐音庫倫辦事
七月癸酉革。丙子，溫春烏里雅蘇台參
九月癸酉遷。策巴克科布多參贊大臣。

遷。六月丁酉，貢楚克札布塔爾巴哈台
額七月癸酉革。鐵保喀什噶爾參贊大

通阿二月己亥遷。哈隆阿喀喇沙爾辦

寶七月丙子遷。范建豐阿克蘇辦事大
松阿十月壬寅召。伊冲阿烏什辦事大
克札布六月丁酉遷。鐵保葉爾羌辦事
音二月己亥遷。色克通阿和闐辦事大

十月壬寅來京。陽春保駐藏辦事大臣。

嘉慶十六	
觀明十二	
賽沖阿	
斌靜	
慶溥	
晉昌	
來儀閏三	
毓秀	
興肇七月	
興奎	
台斐音	大臣。
長齡五月	贊大臣。九月卒。癸酉，長齡代。
策巴克	
貢楚克札	參贊大臣。
鐵保遷。九	臣。
成德十月	
哈隆阿	事大臣。
來靈十月	
范建豐九	臣。
伊沖阿十	臣。
那彥寶三	大臣。七月丙子遷。那彥寶代。
阿蘭保	臣。五月辛未遷。阿蘭保代。
文孚	
陽春保十	

年辛未

月癸丑議免。和寧盛京將軍。

月遷。果勒豐阿綏遠城將軍。

乙巳議免。貢楚克札布察哈爾都統。成寧

乙未遷。恩長烏里雅蘇台參贊大臣。

布三月癸丑召。那彥寶塔爾巴哈台參贊

月壬辰，范建豐喀什噶爾參贊大臣。

丙辰召。文弼哈密辦事大臣。十二月丁巳，

丙辰召。烏勒德呢庫車辦事大臣。

月壬辰遷。瑚圖禮阿克蘇辦事大臣。十月

月丙辰遷。愛星阿烏什辦事大臣。

月癸丑遷。百祥葉爾羌辦事大臣。

月免。瑚圖禮駐藏辦事大臣。

嘉慶十七	
和寧	
賽沖阿	
斌靜	
慶溥	
晉昌	
果勒豐阿	
毓秀	
貢楚克札	署。八月壬子遷。本智署。
興奎	
台斐音十	
恩長遷。七	
策巴克三	
伊沖阿	大臣。十月丙辰遷。伊沖阿代。
范建豐七	
德通	德通代。
哈隆阿	
烏勒德呢	
托雲泰	遷。托雲泰代。
愛星阿	
百祥	
阿蘭保十	
福克精阿	
瑚圖禮	

壬申年

布

月辛亥受代。蘇沖阿庫倫辦事大臣。

月戊戌，玉寧烏里雅蘇台參贊大臣。

月戊寅病免。巴克坦科布多參贊大臣。

月戊戌革。恩長喀什噶爾參贊大臣。

月壬子回京。慶通和闐辦事大臣。

嘉慶十八年癸酉
和寧　十二月議。晉昌盛京將軍。
賽沖阿　四月戊午遷。喜明吉林將軍。
斌靜　四月癸亥召。富俊黑龍江將軍。
慶溥
晉昌　六月庚申召。松筠兼任伊犂將軍。
果勒豐阿
毓秀　八月壬子降。高杞熱河都統。九月
貢楚克札布
興奎　七月戊辰革。長齡烏魯木齊都統。
蘇沖阿
玉寧
巴克坦

伊沖阿　十一月壬午來京。松福塔爾巴
恩長
德通
永芹
烏勒德呢
托雲泰
愛星阿　十二月降。西拉布烏什辦事大
百祥
慶通
福克精阿
瑚圖禮

乙巳，毓秀署。

九月壬辰，遷。晉昌代。劉芬署。十二月，晉

哈台參贊大臣。

臣。

嘉慶十九年甲戌	
晉昌	
喜明 二月辛亥降。富俊	
富俊 二月辛亥遷。特依	
慶溥 十月乙丑遷。伊冲	
松筠	
果勒豐阿	
高杞 二月丙午遷。和寧	
貢楚克札布 十二月壬	
伊冲阿 十二月丙午病	昌遷。伊冲阿代。
蘇冲阿	
玉寧 召。二月己亥，文凱	
巴克坦 卒。二月壬寅，巴	
松福	
恩長 十月壬申遷。成寧	
德通 閏二月甲子召。慶	
永芹 閏二月庚辰解任。	
烏勒德呢 四月己丑回	
托雲泰 四月甲戌革。楊	
西拉布	
百祥 二月己亥解任。玉	
慶通 十二月癸酉解任。	
福克精阿	
瑚圖禮 二月癸丑召。喜	

吉林將軍。

順保黑龍江將軍。

阿烏里雅蘇台將軍。

熱河都統。毓秀仍署。閏二月甲子遷。文

申降。祥保察哈爾都統。

免。高杞烏魯木齊都統。劉芬署。

烏里雅蘇台參贊大臣。

綳布科布多參贊大臣。

喀什噶爾參贊大臣。

長哈密辦事大臣。

烏爾卿額喀喇沙爾辦事大臣。

京。緒莊庫車辦事大臣。

樹曾阿克蘇辦事大臣。

麟葉爾羌辦事大臣。

貢楚克札布和闐辦事大臣。

明駐藏辦事大臣。

嘉慶二十年乙亥	
晉昌	
富俊	
特依順保	
伊冲阿	
松筠十月己未召。	
果勒豐額	
和寧	寧代。五月降。和寧任。
祥保	
高杞	
蘇冲阿十月丁卯	
文凱	
巴綳布	
松福九月癸巳還。	
成寧九月癸巳召。	
慶長十月丁卯召。	
烏爾卿額九月癸	
緒莊十月辛巳還。	
楊樹曾三月丁亥	
西拉布召。十一月	
玉麟	
貢楚克札布九月	
福克精阿十月丁	
喜明	

長齡伊犁將軍。

召。長慶庫倫辦事大臣。

富僧德塔爾巴哈台參贊大臣。

松福喀什噶爾參贊大臣。

東林哈密辦事大臣。

巳遷。額勒精布喀喇沙爾辦事大臣。十

來靈庫車辦事大臣。

調。福昂阿克蘇辦事大臣。

丁亥，成寧烏什辦事大臣。

癸巳遷。西林布和闐辦事大臣。

卯召。來靈西寧辦事大臣。尋遷。緒莊代。

	嘉慶二十一年丙子
	晉昌
	富俊
	特依順保
	伊冲阿
	長齡
	果勒豐阿
	和寧七月丙辰遷。慶
	祥保
	高杞
	長慶
	文凱
	巴綳布
	富僧德十月庚寅降。
	松福
	東林
一月丁亥，永芹代。	永芹七月壬子回京。
	來靈
	福昂回京。十月庚寅，
	成寧五月丁未遷。成
	玉麟
	西林布
	緒莊二月戊寅解任。
	喜明

嘉	
晉	
富	
特	
伊	
長	
果	
慶	祥熱河都統。
祥	
高	
長	
文	
巴	
貢	貢楚克扎布塔爾巴哈台參贊大臣。
松	
東	
祥	祥啓喀喇沙爾辦事大臣。
來	
同	同興阿克蘇辦事大臣。
成	書烏什辦事大臣。
玉	
西	
松	松寧西寧辦事大臣。
喜	

慶二十二年丁丑
昌二月乙丑遷。富俊盛京將軍。
俊二月乙丑遷。松寧吉林將軍。
依順保
冲阿遷。五月辛酉，喜明烏里雅蘇台將軍。
齡二月乙丑遷。晉昌伊犂將軍。高杞署。
勒豐阿
祥四月壬辰遷。慶溥熱河都統。十一月乙
保六月甲戌遷。松筠察哈爾都統。
杞二月乙丑遷。劉芬兼署烏魯木齊都統。
慶
凱
綳布
楚克扎布
福
林
啓
靈
興
書
麟五月辛酉遷。斌靜葉爾羌辦事大臣。
林布
寧二月乙丑遷。玉麟西寧辦事大臣。
明五月辛酉遷。玉麟駐藏辦事大臣。

嘉慶二十三	
富俊九月戊	
松寧九月戊	
特依順保十	
喜明卒。十一	
晉昌	
果勒豐阿十	
伊沖阿遷。九	丑遷。伊沖阿代。
松筠十月丁	
慶祥	四月壬辰，高杞革。慶祥代。
長慶十一月	
文凱二月乙	
巴綳布召。十	
貢楚克扎布	
松福十月辛	
東林九月戊	
祥啓	
來靈	
同興	
成書十月辛	
斌靜十月辛	
西林布	
那爾松阿七	
玉麟	

年戊寅

午遷。賽沖阿盛京將軍。

午遷。富俊吉林將軍。祿成署。

一月己亥遷。松寧黑龍江將軍。

月己亥，特依順保烏里雅蘇台將軍。

一月戊申革。八十六綏遠城將軍。丁亥，松

月戊午，松寧熱河都統。十一月己亥遷。伊

亥遷。伊沖阿察哈爾都統。十一月己亥留

庚戊召。巴彥圖庫倫辦事大臣。

酉病免。達祿烏里雅蘇台參贊大臣。

月辛巳，富和科布多參贊大臣。

巳召。斌靜喀什噶爾參贊大臣。

申遷。多山哈密辦事大臣。

巳遷。巴哈布烏什辦事大臣。

巳遷。成書葉爾羌辦事大臣。

月壬子召。福寧西寧辦事大臣。

嘉慶二	
賽沖阿	
富俊	
松寧	
特依順	
晉昌	
祿成	筠署。十二月，八十六遷。祿成代。
伊沖阿	沖阿仍留。
慶溥	熱河。慶溥代。
慶祥十	
巴彥圖	
達祿	
富和	
慶祥十	
貢楚克	
斌靜	
多山八	
祥啓十	
來靈十	
同興三	
巴哈布	
成書	
西林布	
福寧	
玉麟	

十四年己卯

九月癸酉遷。松筠盛京將軍。

保

五月辛未病免。誠安熱河都統。

一月丙戌遷。貢楚克扎布烏魯木齊都統。

一月丙戌，伊犂參贊大臣。

札布十一月乙丑召。先福塔爾巴哈台參

月丁巳免。福珠隆阿哈密辦事大臣。

一月乙丑召。明敍喀喇沙爾辦事大臣。

一月乙丑召。崇安庫車辦事大臣。

月丙申革。伊鏗額阿克蘇辦事大臣。

嘉慶二十五年庚辰	
松筠 四月己酉降。松寧 盛京將	
富俊	
松寧 四月己酉遷。奕顥 黑龍江	
特依順保	
晉昌 四月乙未回京。慶祥 伊犂	
祿成	
誠安 十一月癸酉遷。松筠 熱河	
慶溥 六月壬子遷。富蘭 察哈爾	
貢楚克札布 十月戊寅回京。德	
巴彥圖	
達祿	
富和	
慶祥	
先福 回京。十月庚辰，百順 塔爾	贊大臣。
斌靜 解任。十一月丁卯，武隆阿	
福珠隆阿	
明敍	
崇安	
伊鏗額 卒。十一月辛未，永明額	
巴哈布	
成書 十一月辛未解任。穆通阿	
西林布	
福寧 二月壬辰解任。素納 西寧	
玉麟 十月戊子召。文幹 駐藏辦	

道光元年辛巳	
盛京將軍	軍。壬子，富僧德署。
吉林將軍	
黑龍江將軍	將軍。壬子，春盛保署。
烏里雅蘇台將軍	
伊犂將軍	將軍。
綏遠城將軍	
熱河都統	都統。
察哈爾都統	都統。
烏魯木齊都統	英阿烏魯木齊都統。
庫倫辦事大臣	
烏里雅蘇台參贊	
科布多參贊大臣	
伊犂參贊大臣	
塔爾巴哈台參贊	巴哈台參贊大臣。
喀什噶爾參贊大	喀什噶爾參贊大臣。
哈密辦事大臣	
喀喇沙爾辦事大	
庫車辦事大臣	
阿克蘇辦事大臣	阿克蘇辦事大臣。
烏什辦事大臣	
葉爾羌辦事大臣	葉爾羌辦事大臣。
和闐辦事大臣	
西寧辦事大臣	辦事大臣。
駐藏辦事大臣	事大臣。

松箖	
富俊	
奕顥	
特依順保	
慶祥	
祿成	
松筠五月己巳	
富蘭	
德英阿	
廣慶	
達祿十月乙酉	大臣
富和	
百順	大臣
武隆阿	臣改葉爾羌
福珠隆阿	
明敍	臣
崇安	
永明額	
巴哈布	
穆通阿	改喀什噶爾領隊大臣
西林布	
素納八月庚辰	
文幹	

道光二	
松筠正	
富俊六	
奕顥正	
特依順	
慶祥	
祿成十	
慶惠五	遷。慶惠熱河都統。
富蘭	
德英阿	
廣慶	
八十	召。八十烏里雅蘇台參贊大臣。
富和五	
百順卒。	
武隆阿	
長慶	
明敍五	
崇安	
永明額	
巴哈布	
穆通阿	
西林布	
松頲九	降調。仍留。十月乙酉召。松頲代。
文幹	

年壬午
月庚午遷。晉昌盛京將軍。
月己巳遷。松筠吉林將軍。
月庚午遷。松筠黑龍江將軍。六月己巳遷。
保正月庚午來京。奕顥烏里雅蘇台將軍。
月辛酉遷。德英阿綏遠城將軍。
月丁亥議免。廉善熱河都統。七月丁未休。
六月己巳調。阿英阿烏魯木齊都統。
月辛巳降。那彥寶科布多參贊大臣。
十月辛酉，特依順保塔爾巴哈台參贊大
九月丙子遷。秀堃喀什噶爾參贊大臣。十
月戊戌解任。六月癸丑，永芹喀喇沙爾辦
五月癸卯回京。徐錕烏什辦事大臣。九月
四月乙巳病免。文弼和闐辦事大臣。十一
月丙子調。武隆阿西寧辦事大臣。

德英阿代。十二月庚申遷。祿成代。

成德代。十二月卒。慶保代。

臣。

一月丙子遷。布彥泰代。十二月甲寅，永

事大臣。十二月甲寅遷。徐錕代。

丙子遷。丁丑，慶惠代。

月庚子召。秀堃代。

道光三年癸未	
晉昌	
松箖卒。九月壬辰，松筠吉林將軍。	
祿成	
奕顥六月戊午來京。果勒豐額烏	
慶祥	
德英阿	
廉善	
富蘭十一月壬辰免。瑚松額察哈	
英惠	
廣慶	
八十	
那彥寶	
特依順保五月辛巳遷。哈爾祥阿	
永芹	芹代。
長慶十月乙卯召。恆敬哈密辦事	
徐錕	
崇安十月乙卯召。果良額庫車辦	
永明額十月乙卯召。英桂阿克蘇	
慶惠十一月丁卯遷。富綸烏什辦	
穆通阿	
秀堃十一月丁卯病免。敦良和闐	
武隆阿五月辛巳來京。松頲西寧	
文幹七月辛巳調。松頲駐藏辦事	

道光	
晉昌	
松筠	富登額暫署。
祿成	
果勒	里雅蘇台將軍。
慶祥	
德英	
慶保	
瑚松	爾都統。
英惠	
廣慶	
八十	
那彥	
哈爾	塔爾巴哈台參贊大臣。
永芹	
恆敬	大臣。
徐錕	
果良	事大臣。
和桂	辦事大臣。
富綸	事大臣。
穆通	
敦良	辦事大臣。
穆蘭	辦事大臣。七月壬午遷。穆蘭岱代。
松頫	大臣。

四年甲申

二月丁酉遷。富俊吉林將軍。

豐額十二月癸未病免。慶保烏里雅蘇台

阿

十二月癸未遷。那清安熱河都統。

額

三月辛卯召。松長庫倫辦事大臣。

寶三月壬辰召。巴琫阿科布多參贊大臣。

祥阿九月辛巳調。彥德塔爾巴哈台參贊

額

十一月丙辰遷。海齡阿克蘇辦事大臣。

十一月丙辰免。和桂烏什辦事大臣。

阿卒。十一月乙未，常德葉爾羌辦事大臣。

十一月乙未召。奕湄和闐辦事大臣。

岱

	道光五年乙酉	
	晉昌	
	富俊	
	祿成	
將軍。	慶保	七月丁未病免。德英阿烏里
	慶祥	九月甲辰來京。德英阿署伊
	奕顥	
	那清安	
	瑚松額	七月丁未遷。和世泰察哈
	英惠	
	松長	
	八十	
	巴琫阿	
大臣。	彥德	
	永芹	十月壬午卒。慶祥喀什噶爾
	恆敬	
	徐錕	十月癸酉回京。巴哈布喀喇
	果良額	
	海齡阿	二月癸亥遷。長清阿克蘇
	和桂	十二月丙辰召。慶廉烏什辦
	常德	十二月丙辰召。音登額葉爾
	奕湄	
	穆蘭岱	
	松顥	

雅蘇台將軍。九月甲辰調。松筠署。

犂將軍。十月庚辰，長齡代署。十一月壬午，

爾都統。

參贊大臣。穆克登布暫署。

沙爾辦事大臣。

辦事大臣。

事大臣。

羌辦事大臣。

道光六年丙戌	
晉昌	
富俊	
祿成	
德英阿七月丙午調。九	
長齡七月乙巳差。丁未,	慶祥遷。長齡補。
奕顥	
那清安五月乙巳遷。明	
和世泰九月丁亥免。博	
英惠	
松長六月甲寅病免。樂	
八十	
巴琫阿	
彥德	
慶祥六月殉。	
恆敬	
巴哈布	
果良額改幫辦。六月丙	
長清	
慶廉十一月乙酉免。多	
音登額殉。	
奕湄六月殉。	
穆蘭岱	
松頲	

月癸卯，格布舍烏里雅蘇台將軍。

德英阿署。

山熱河都統。戊戌遷。慶惠代。十一月庚

啓圖察哈爾都統。

善庫倫辦事大臣。

辰，那彥寶庫車辦事大臣。

貴署烏什辦事大臣。

道光七年丁亥	
晉昌 閏五月戊申遷。奕顥	
富俊 七月己未遷。博啓圖	
祿成	
格布舍 十二月甲戌召。彥	
德英阿	
奕顥 閏五月戊申遷。晉昌	
昇寅 七月辛酉病免。那清	寅卒。昇寅代。
博啓圖 七月己未遷。安福	
英惠	
樂善	
八十	
巴琫阿 十月辛卯回京。額	
容安 九月甲子,伊犂參贊	
彥德 十二月甲戌遷。那彥	
武隆阿 七月甲子,喀什噶	
恆敬 二月丙辰遷。丁巳,恩	
巴哈布	
那彥寶 十一月丙午遷。果	
長清	
多貴 二月調。恆敬代。七月	
達淩阿 閏五月戊申,署葉	
成玉 閏五月戊申,署和闐	
穆蘭岱 四月己未假。特依	
松頲 二月丁未遷。惠顯駐	

盛京將軍。

吉林將軍。

德烏里雅蘇台將軍。

綏遠城將軍。

安熱河都統。癸亥還。英和熱河都統。

察哈爾都統。福克精額署。

勒津科布多參贊大臣。

大臣。

寶塔爾巴哈台參贊大臣。

爾參贊大臣。十一月乙巳免。那彥寶代。

銘哈密辦事大臣。

良額署庫車辦事大臣。

甲子，多貴仍任。

爾羌辦事大臣。七月甲子，恆敬代。

辦事大臣。七月乙丑，果良額代。十月辛卯

順保暫兼署西寧辦事大臣。

藏辦事大臣。

道光八年戊子	
奕顥	
博啓圖	
祿成四月甲申革。果齊斯	
彥德	
德英阿	
晉昌正月乙丑召。果齊斯	
英和正月丙午差。松筠署。	
安福	
英惠	
樂善	
八十十月召。慶山烏里雅	
額勒津	
容安	
那彥寶九月丙寅遷。達凌	
武隆阿正月癸亥，仍爲喀	
恩銘	
巴哈布八月丁亥遷。福緜	
果良額三月甲子調。福緜	
長清	
多貴四月庚辰遷。布彥泰	
恆敬召。四月庚辰，札隆阿	
多隆武八月丁亥遷。德惠	召。多隆武代。
穆蘭岱	
惠顯	

歡署。九月丙寅卒。特依順保黑龍江將軍。

歡綏遠城將軍。四月甲申，特依順保代。九

八月己卯，英和病免。成格熱河都統。

蘇台參贊大臣。

阿爾塔巴哈台參贊大臣。

什噶爾參贊大臣。

喀喇沙爾辦事大臣。

庫車辦事大臣。四月庚辰，常格代。

烏什辦事大臣。

葉爾羌辦事大臣。

和闐辦事大臣。

	道光九年己丑
	奕顥
	博啓圖　二月甲午
	特依順保
	彥德
	德英阿　六月甲戌
月丙寅遷。那彥寶代。	那彥寶
	成格　十一月丁巳
	安福　六月丙子召。
	英惠　十一月丁巳
	樂善
	慶山
	額勒津　解任。六月
	容安
	達凌阿　十二月戊
	武隆阿　正月辛酉
	恩銘　憂免。八月甲
	福緜　六月癸亥遷。
	常格
	長清
	布彥泰　正月辛酉
	扎隆阿　正月辛酉
	德惠　十一月己未
	穆蘭岱
	惠顯

遷。瑚松額吉林將軍。
卒。玉麟伊犁將軍。
遷。裕恩熱河都統。
福克精阿署察哈爾都統。十二月丁亥
召。成格烏魯木齊都統。
癸亥,福緜科布多參贊大臣。
寅遷。巴哈布塔爾巴哈台參贊大臣。
召。札隆阿署喀什噶爾參贊大臣。
子,薩迎阿哈密辦事大臣。乙酉遷。穆馨
棍楚克策楞喀喇沙爾辦事大臣。慶山
遷。常德烏什辦事大臣。
遷。璧昌署葉爾羌辦事大臣。十二月補。
病免。武隆阿和闐辦事大臣。

補。

阿代。

署。八月己卯,穆馨阿代。乙酉,薩迎阿代。

道光十年庚寅

奕顥　三月乙巳召。瑚松額盛京將軍。富

瑚松額　二月乙丑憂。倭額泰暫署。三月

特依順保　三月乙卯遷。富僧德黑龍江

彥德　十月壬寅召。樂善烏里雅蘇台將

玉麟

那彥寶　三月癸卯遷。昇寅綏遠城將軍。

裕恩

福克精阿　三月乙巳遷。武忠額察哈爾

成格

樂善　十月壬寅遷。奕顥庫倫辦事大臣。

慶山　六月戊戌遷。奕顥烏里雅蘇台參

福緜

容安　九月丁丑革。布彥泰伊犁參贊大

巴哈布

札隆阿

穆馨阿　五月丁丑召。布彥泰哈密辦事

薩迎阿　十一月壬午調。嵩孚喀喇沙爾

常格

長清

常德

璧昌

武隆阿　三月庚寅召。誠端和闐辦事大

穆蘭岱　卒。八月辛卯，布彥泰西寧辦事

惠顯　十月癸卯召。興科駐藏辦事大臣。

道光十一	
瑚松額	俊暫署。
福克精阿	乙巳，福克精阿吉林將軍。
富僧德	將軍。伊勒通額護。裕英署。
樂善	軍。
玉麟	
昇寅十二	
裕恩病免。	
武忠額	都統。
咸格	
奕顥八月	
恩銘十二	贊大臣。十月壬寅遷。恩銘代。
福緜卒。三	
布彥泰	臣。
巴哈布十	
扎隆阿解	
松頲六月	大臣。八月辛卯，松頲代。
嵩孚二月	辦事大臣。
常格	
長清	
常德二月	
璧昌二月	
誠端十月	臣。
恆敬	大臣。九月遷。恆敬代。
興科	

年辛卯，改喀什噶爾參贊大臣爲葉爾

九月癸亥，革。寶興吉林將軍。富俊署。

月乙酉，遷。彥德綏遠城將軍。

八月壬寅，保昌熱河都統。

乙巳，免。廉敬庫倫辦事大臣。

月戊子，遷。祿普烏里雅蘇台參贊大臣。

月丙寅，英惠科布多參贊大臣。

月乙未，召。常德塔爾巴哈台參贊大臣。

任。二月戊申，璧昌喀什噶爾參贊大臣。

己丑，病免。敦良哈密辦事大臣。

丁酉，病免。額勒錦喀喇沙爾辦事大臣。

戊申，遷。奇成額烏什辦事大臣。十月己

戊申，遷。常德葉爾羌辦事大臣。十月己

己丑，遷。常豐和闐辦事大臣。

光參贊大臣,喀什噶爾設領隊大臣。

十月丁亥,移葉爾羌,璧昌葉爾羌參贊大

十月乙未召。賽尚阿代。

丑遷。常德代。乙未遷。薩迎阿代。

丑裁,改領隊大臣,額爾古倫任。

	道光十二年壬辰
	瑚松額 三月丁巳召。奕顥署盛京將
	寶興
	富僧德
	樂善
	玉麟 九月甲寅召。特依順保伊犂將
	彥德
	保昌
	武忠額
	成格
	廉敬
	祿普
	英惠 七月戊申假。鍾昌科布多參贊
	布彥泰遷。二月庚子，常德伊犂參贊
	常德 二月庚子遷。布彥泰塔爾巴哈
臣。	璧昌 十月庚申召。長清葉爾羌參贊
	賽尚阿 五月乙亥免。廣福署哈密辦
	額勒錦
	常格
	長清 十月庚申遷。誠端阿克蘇辦事
	薩迎阿 九月壬申遷。興德烏什辦事
	額爾古倫
	常豐
	恆敬 十月庚申假。舒通阿西寧辦事
	興科

軍。

軍。

大臣。十月卒。十一月乙亥，阿勒清阿代。

大臣。

台參贊大臣。

大臣。

事大臣。九月召。壬申，薩迎阿代。

大臣。

大臣。

大臣。

道光十三年	
奕顥　四月戊	
寶興　四月戊	
富僧德	
樂善　五月辛	
特伊順保	
彥德	
保昌　四月戊	
武忠額　十一	
成格	
廉敬	
祿普	
孝順岱	十二月戊辰遷。孝順岱代。
常德　十一月	
布彥泰　十月	
長清	
薩迎阿　九月	
額勒錦	
常格　七月癸	
誠端　九月壬	
常恆　九月丙	
額爾古倫　正	
常豐	
舒通阿	
興科　正月召。	

癸巳
申。遷寶興盛京將軍。
申。遷保昌吉林將軍。
巳。遷慶山烏里雅蘇台將軍。
申。遷蘇成額熱河都統。九月壬辰病免。貴
月丙戌。遷凱音布署察哈爾都統。
己丑。遷布彥泰伊犁參贊大臣。
己丑。遷常德塔爾巴哈台參贊大臣。
壬午。遷興科哈密辦事大臣。十月，薩迎阿
未病免。慶林庫車辦事大臣。
午病免。德興阿克蘇辦事大臣。常恆代。
戌。遷興科代。
月癸巳。假。烏珍泰署喀什噶爾領隊大臣。
隆文駐藏辦事大臣。

道光	
寶興	
保昌	
富僧	
慶山	
特依	
彥德	
武忠	慶代。十一月丁亥病免。武忠額代。
凱音	
成格	
廉敬	
祿普	
孝順	
布彥	
常德	
長淸	
薩迎	仍任。
額勒	
慶林	
常恆	
興科	
西郎	西郎阿代。
常豐	
舒通	
隆文	

十四年甲午

德十二月己亥遷。奕經黑龍江將軍。
八月癸丑免。武忠額烏里雅蘇台將軍。
順保

額五月乙酉遷。嵩溥熱河都統。
布二月壬子差。蘇勒通阿暫署。
三月庚午遷。長清烏魯木齊都統。
遷。十二月乙巳，闊步通武庫倫辦事大

岱十二月辛丑免。長明科布多參贊大
泰四月壬子病免。辛酉，蘇清阿伊犂參
十一月丙子召。棍楚克策楞塔爾巴哈
三月庚午遷。興德葉爾羌參贊大臣。
阿
錦
四月丙午遷。多隆武代。七月乙亥，國椿

二月丙辰病免。璧昌烏什辦事大臣。九
阿
十月壬辰召。法豐阿和闐辦事大臣。
阿
五月丙戌召。文蔚駐藏辦事大臣。

道光十五年乙未	
寶興正月丙戌遷。	
保昌正月丙戌遷。	
奕經正月丙戌遷。	
武忠額閏六月丁	
特依順保	
彥德	
嵩溥	
凱音布	
長清十月己卯召。	
闊步通武	臣。
祿普十月己卯召。	
長明正月丙戌召。	臣。
蘇清阿正月丙戌	贊大臣。
棍楚克策楞	台參贊大臣。
興德	
薩迎阿十月己卯	
額勒錦十月己卯	
國椿十月己卯召。	庫車辦事大臣。
常恆	
舒凌阿正月卒。乙	月丙戌遷。舒凌阿代。
西郎阿閏六月己	
法豐阿	
舒通阿	
文蔚十二月甲戌	

奕經盛京將軍。

蘇清阿吉林將軍。二月戊午卒。保昌仍

保昌黑龍江將軍。二月庚子,奇明保暫

西遷。保昌烏里雅蘇台將軍。

富呢揚阿烏魯木齊都統。

常明烏里雅蘇台參贊大臣。

富呢揚阿科布多參贊大臣。十月壬戌

遷。奕山伊犁參贊大臣。

召。特當阿哈密辦事大臣。

來京。海亮喀喇沙爾辦事大臣。

多歡庫車辦事大臣。十二月丙子,賡福

西,岳良烏什辦事大臣。

卯召。壽昌喀什噶爾領隊大臣。

遷。慶祿駐藏辦事大臣。

申甲月二十代。康祥遷。卯丁月六閏任。
閏署。仍保明奇代。康祥遷。昌保午，戊署。

代。書毓遷。

代。

降。樂善吉林將軍。祥康暫署。
六月丁卯，祥康遷。哈豐阿代。奇明保仍署。

道光十六年丙申

奕經九月己酉遷。寶興盛京將軍。奕顥

樂善四月甲戌留京。祥康仍署吉林將

哈豐阿

保昌

特依順保

彥德

嵩溥

凱音布七月庚午遷。樂善察哈爾都統。

富尼揚阿九月壬辰遷。廉敬烏魯木齊

闊步通武二月丁卯免。福瑛庫倫辦事

常明

毓書

奕山

棍楚克策楞

興德

特當阿

海亮

賡福

常恆

岳良

壽昌免。十二月壬子，烏珍泰喀什噶爾

法豐阿

德楞額三月癸卯，西寧辦事大臣。

慶祿八月戊午遷。關聖保駐藏辦事大

道光十七年丁酉	
奕顥九月回京。寶興盛京將	署。
祥康正月丙午，補吉林將軍。	軍。
哈豐阿	
保昌	
特依順保九月甲申召。奕山	
彥德十一月乙酉陛見。錫林	
嵩溥三月甲午遷。耆英熱河	
樂善七月壬午遷。賽尚阿察	
廉敬	都統。
福瑛	大臣。
常明	
毓書	
奕山	
棍楚克策楞十月己巳召。關	
興德五月戊寅召。恩特亨額	
特當阿十月己巳召。固慶哈	
海亮	
賡福	
常恆十一月庚寅召。璧昌阿	
岳良	
烏珍泰	領隊大臣。
法豐阿	
德楞額八月丁巳遷。蘇勒芳	
關聖保	臣。

軍。

署伊犁將軍。

署綏遠城將軍。十二月庚午，彥德遷。棍

都統。

哈爾都統。

福塔爾巴哈台參贊大臣。

葉爾羌參贊大臣。

密辦事大臣。

克蘇辦事大臣。

阿西寧辦事大臣。

楚克策楞代。

道光十八年戊戌

寶興閏四月己丑遷。耆英

祥康

哈豐阿十一月丙寅陛見。

保昌

特依順保四月庚午留京。

棍楚克策楞

耆英閏四月己未遷。惠吉

賽尚阿八月庚寅遷。布彥

廉敬

福瑛

常明十月庚寅召。盛貴烏

毓書十一月壬戌議免。固

奕山四月庚午遷。湍多布

關福六月甲申遷。湍多布

恩特亨額

固慶十一月遷。賡福哈密

海亮七月辛亥革。景和代。

賡福十月戊戌遷。烏珍泰

璧昌

岳良十月庚寅召。松林烏

烏珍泰十月戊戌遷。富興

法豐阿六月辛未召。興德

蘇勒芳阿十月庚寅召。訥

關聖保

盛京將軍。

舒倫保署黑龍江將軍。

奕山伊犁將軍。

熱河都統。

泰察哈爾都統。

里雅蘇台參贊大臣。

慶科布多參贊大臣。

伊犁參贊大臣。六月甲申遷。關福代。

塔爾巴哈台參贊大臣。

辦事大臣。

十一月庚申，咸齡代。

庫車辦事大臣。十二月甲戌卒。多歡代。

什辦事大臣。齡山代。

阿喀什噶爾領隊大臣。

和闐辦事大臣。七月辛亥，桂森代。壬子免。

爾經額西寧辦事大臣。

	道光十九年己亥
	耆英
	祥康
	哈豐阿九月丁未遷。棍楚克
	保昌八月庚午召。廉敬烏里
	奕山正月戊午憂。關福署。
	棍楚克策楞九月丁未遷。德
	惠吉
	布彥泰
	廉敬
	福瑛
	盛貴
	固慶
	關福
	湍多布
	恩特亨額
	賡福十月辛卯召。德全哈密
	咸齡
	多歡
	璧昌
	齡山
	富興阿
達明阿代。	達明阿
	訥爾經額
	關聖保十月辛卯召。孟保駐

	道光二十年庚子
	者英
	祥康四月己巳議
策楞黑龍江將軍。	棍楚克策楞
雅蘇台將軍。	廉敬八月癸未遷。
	奕山三月庚戌召。
克金布綏遠城將軍。	嵩溥六月丁卯休
	恩銘正月戊戌病
	布彥泰三月庚戌
	惠吉
	福瑛四月丙子召。
	盛貴
	固慶
	關福卒。七月癸卯,
	湍多布七月癸卯
	恩特亨額十二月
辦事大臣。	德全
	咸齡革。五月壬子,
	多歡
	璧昌遷。三月壬子,
	齡山三月壬子遷。
	富興阿七月丁未
	達明阿
	訥爾經額遷。二月
藏辦事大臣。	孟保

免。經額布吉林將軍。祿普署。九月壬寅

德楞額烏里雅蘇台將軍。

布彥泰伊犂將軍。關福署。

致。色克精額綏遠城將軍。十月乙亥休

免。阿勒清阿熱河都統。二月遷。訥爾經

遷。敬斂署察哈爾都統。辛亥，璧昌補。十

祥康庫倫辦事大臣。

湍多布伊犂參贊大臣。十月遷。富興阿

遷。花山太塔爾巴哈台參贊大臣。乙亥

癸未遷。圖明阿葉爾羌參贊大臣。十二

常恆喀喇沙爾辦事大臣。十一月辛卯

齡山阿克蘇辦事大臣。十二月丙寅卒。

成凱代。十二月戊辰遷。富興阿烏什辦

遷。花山太喀什噶爾領隊大臣。

丙寅，法豐阿西寧辦事大臣。

道光二十一	
耆英	
經額布	遷。升阿暫署。甲辰,惟勤署。
棍楚克策楞	
奕湘	
布彥泰	
色克精額四	致。奕湘代。
瑚松額八月	額。六月戊子遷。瑚松額代。
鐵麟	二月戊辰遷。鐵麟代。
惠吉	
祥康	
盛貴	
固慶	
璧昌	代十二月戊辰遷。璧昌代。
湍多布	遷。湍多布仍任。
圖明阿	月辛未遷。聯順代。
德全	
聯順	遷。聯順代。
多歡十一月	
常恆	法福禮署。辛酉,常恆代。
瑞元	事大臣。甲申,瑞元代。
花山太	
達明阿	
法豐阿	
孟保	

年辛丑

月甲辰遷。五月壬午，奕興綏遠城將軍。

癸未病免。桂輪熱河都統。

癸丑召。扎拉芬泰庫車辦事大臣。

道光二十二年壬寅

耆英 正月甲寅遷。禧恩盛京將軍。

經額布

棍楚克策楞

奕湘

布彥泰

奕興

桂輪

鐵麟

惠吉

祥康 六月辛卯病免。文慶庫倫辦事大

盛貴 十一月丁未召。樂斌烏里雅蘇台

固慶 十一月丁未召。果勒明阿科布多

璧昌 三月丙子遷。丁丑，耆昌伊犁參贊

湍多布

圖明阿

德全

聯順

扎拉芬泰

輯瑞 七月庚戌，阿克蘇辦事大臣。

瑞元 降。十一月甲子，賽什雅拉泰烏什

花山太

達明阿

法豐明

孟保 十一月丁未召。海樸駐藏辦事大

	道光二十三年癸卯
	禧恩
	經額布
	棍楚克策楞
	奕湘二月丁酉遷。祿普烏里
	布彥泰
	奕興
	桂輪三月乙丑遷。琦善熱河
	鐵麟
	惠吉四月甲戌病免。惟勤烏
臣。	文慶四月戊寅遷。己卯，鍾祥
參贊大臣。	樂斌
參贊大臣。	果勒明阿
大臣。	者昌十二月乙卯調。達洪阿
	湍多布
	圖明阿三月丙寅召。聯順葉
	德全十月甲子召。達洪阿哈
	聯順三月丙寅遷。全慶喀喇
	札拉芬泰八月丙午遷。常清
	輯瑞
辦事大臣。	賽什雅拉泰四月己卯遷。惟
	花山太七月丁卯召。開明阿
	達明阿十月庚子解任。奕山
	法豐阿閏七月丁巳召。德興
臣。	海樸三月乙丑召。孟保駐藏

雅蘇台將軍。奕興代。三月乙丑,桂輪代。

都統。四月革。薩迎阿熱河都統。

魯木齊都統。中福署。十月丁未,惟勤差。中

庫倫辦事大臣。七月遷。容照代。

伊犂參贊大臣。

爾羌參贊大臣。十月庚子免。丁未,輯瑞署。

密辦事大臣。十二月乙卯遷。丙辰,瑞元哈

沙爾辦事大臣。

庫車辦事大臣。

祿烏什辦事大臣。

喀什噶爾領隊大臣。

和闐辦事大臣。

西寧辦事大臣。

辦事大臣。十月庚戌召。琦善代。

	道光二十四年甲辰
	禧恩
	經額布
	棍楚克策楞
	桂輪
	布彥泰
	奕興
	薩迎阿
	鐵麟正月癸巳憂。祿普署
福仍署。	惟勤
	容照
	樂斌
	果勒明阿
	達洪阿十月壬戌病免。癸
	湍多布
戊申，奕經代。	奕經十月戊申遷。麟魁、葉
密辦事大臣。	瑞元五月庚寅遷。鍾方代。
	全慶十月戊申召。瑞元、喀
	常清十月戊申召。扎拉芬
	輯瑞
	惟祿
	開明阿
	奕山
	德興
	琦善

察哈爾都統。鐵麟尋回。七月庚寅差。阿

亥，舒興阿伊犂參贊大臣。

爾羌參贊大臣。

喇沙爾辦事大臣。

泰庫車辦事大臣。

道光二十五年乙巳

禧恩 九月丙戌病免。奕湘 盛京

經額布

棍楚克策楞

桂輪

布彥泰 十一月辛酉遷。薩迎阿

奕興

薩迎阿 十一月辛酉遷。桂良 熱

鐵麟 彥泰署。

惟勤

容照 召。正月丁亥，麟慶 庫倫辦

樂斌

果勒明阿

舒興阿 十一月丙午遷。奕山 伊

湍多布

麟魁 十二月甲午病免。賽什雅

鍾方

書元

札拉芬泰 正月乙酉遷。丙戌，德

輯瑞 正月乙酉召。札拉芬泰阿

惟祿

開明阿

奕山 十一月丙寅遷。舒興阿和

德興 九月乙丑召。達洪阿西寧

琦善

道光二	
奕湘	將軍。
經額布	
棍楚克	
桂輪十	
薩迎阿	伊犁將軍。
奕興	
桂輪	河都統。賡福署。
鐵麟	
惟勤	
成凱	事大臣。三月癸未病免。成凱代。
樂斌五	
果勒明	
奕山差。	犁參贊大臣。
湍多布	
賽什雅	拉泰葉爾羌參贊大臣。
鍾方	
書元閏	
德全	全庫車辦事大臣。
扎拉芬	克蘇辦事大臣。
惟祿十	
開明阿	
舒興阿	闐辦事大臣。
達洪阿	辦事大臣。
琦善十	

十六年丙午

策楞

一月甲申遷。特依順烏里雅蘇台將軍。

月己卯召。麟魁烏里雅蘇台參贊大臣。

阿四月庚戌解任。瑞元科布多參贊大臣。

十二月庚申，毓昌署伊犁參贊大臣。

拉泰

五月戊戌召。舒精阿喀喇沙爾辦事大臣。

泰十一月甲申遷。舒興阿阿克蘇辦事大

一月甲申遷。鍾翔烏什辦事大臣。

十一月甲申遷。德勒克呢瑪和闐辦事大

十二月甲子病免。哈勒吉那西寧辦事大

二月丙寅遷。斌良駐藏辦事大臣。

	道光二十七年丁未
	奕湘　八月戊辰遷。奕興盛京將軍。
	經額布
	棍楚克策楞　卒。十一月甲申，英隆黑
	特依順
	薩迎阿
	奕興　四月庚午遷。英隆綏遠城將軍。
	桂良
	鐵麟　正月乙酉遷。裕誠察哈爾都統。
	惟勤
	成凱　正月癸未遷。豐伸庫倫辦事大
	麟魁　八月甲子遷。乙丑，善燾烏里雅
	瑞元
	奕山
	湍多布　正月癸未調。成凱塔爾巴哈
	賽什雅拉泰　卒。八月己酉，奕山葉爾
	鍾方　十一月庚辰召。慶昀哈密辦事
	舒精阿
	德全
臣。	舒興阿
	鍾翔
	開明阿　十月壬申免。毓書署喀什
臣。	德勒克呢瑪
臣。	哈勒吉那
	斌良

龍江將軍。克興額署。

十一月甲申遷。成玉代。盛壎署。

臣。十月庚戌召。玉明代。

蘇台參贊大臣。

台參贊大臣。

羌參贊大臣。乙丑差。吉明署。

大臣。

噶爾領隊大臣。十一月乙巳，錫拉布代。

道光二十八年戊申

奕興

經額布降。十二月乙丑，倭什訥吉林將

英隆

特依順十月庚申假。車林多爾濟暫署。

薩迎阿

成玉九月辛巳召。盛壎署綏遠城將軍。

桂良二月己酉遷。惠豐熱河都統。

裕誠三月癸卯遷。雙德察哈爾都統。

惟勤

玉明

善燾

瑞元十一月己卯召。慧成科布多參贊

奕山三月庚辰，仍任伊犂參贊大臣。

成凱

吉明三月庚辰，補葉爾羌參贊大臣。

慶昀

舒精阿

德全

舒興阿

鍾翔

錫拉布

德勒克呢瑪

哈勒吉那

斌良卒。正月己丑，穆騰額駐藏辦事大

道光二十九年	
奕興	
倭什訥	軍。
英隆	
特依順卒。正月	
薩迎阿	
托明阿	十一月甲午,托明阿補。
惠豐六月己丑	
雙德	
惟勤六月庚寅	
玉明	
善燾	
慧成	大臣。
奕山	
成凱十二月庚	
吉明閏四月辛	
慶昀	
舒精阿	
德全十二月庚	
舒興阿十二月	
鍾翔	
錫拉布十二月	
德勒克呢瑪	
哈勒吉那	
穆騰額	臣。

己酉

癸未，奕格烏里雅蘇台將軍。

遷。毓書熱河都統。庚寅遷。惟勤代。明訓署。

遷。毓書烏魯木齊都統。

午召。扎拉芬泰塔爾巴哈台參贊大臣。

巳卒。壬午，德齡葉爾羌參贊大臣。

午召。承芳庫車辦事大臣。

庚午召。圖伽布阿克蘇辦事大臣。

戊子休致。

道光三十年庚戌	
奕興	
倭什訥五月癸丑	
英隆	
奕格	
薩迎阿十一月戊	
托明阿	
惟勤	十月己丑召。慶福署。
雙德十二月癸亥	
毓書	
玉明	
善燾	
慧成十一月戊辰	
奕山十一月戊戌	
扎拉芬泰	
德齡	
慶昀	
舒精阿	
承芳	
圖伽布	
鍾翊卒。四月癸酉,	
特克興額正月甲	
德勒克呢瑪六月	
哈勒吉那七月己	
穆騰額	

還。固慶吉林將軍。

戊召。奕山伊犁將軍。

解。賡福署察哈爾都統。

召。瑞元科布多參贊大臣。

還。布彥泰伊犁參贊大臣。

麟魁烏什辦事大臣。

辰，喀什噶爾領隊大臣。

丁卯調。法福禮和闐辦事大臣。

酉假。薩炳阿兼署西寧辦事大臣。

清史稿卷二百八

表四十八

疆臣年表十二 各邊將軍都統大臣

咸豐元年辛亥
盛京將軍
吉林將軍
黑龍江將軍
烏里雅蘇台將軍
伊犂將軍
綏遠城將軍
熱河都統
察哈爾都統
烏魯木齊都統
庫倫辦事大臣
烏里雅蘇台參贊大
科布多參贊大臣
伊犂參贊大臣
塔爾巴哈台參贊大
葉爾羌參贊大臣
哈密辦事大臣
喀喇沙爾辦事大臣
庫車辦事大臣
阿克蘇辦事大臣
烏什辦事大臣
喀什噶爾領隊大臣
和闐辦事大臣
西寧辦事大臣
駐藏辦事大臣

	奕興
	固慶
	英隆
	奕格
	奕山
	托明阿
	惟勤二月庚午病免。賡福熱河都統。
	賡福二月庚午遷。恆春察哈爾都統。
	毓書十一月癸亥召。樂斌署烏魯木
	玉明十一月癸亥召。納勒亨額庫倫
臣	善燾
	瑞元
	布彥泰
臣	扎拉芬泰
	德齡
	慶昀
	舒精阿
	承芳
	圖伽布
	麟魁九月壬申遷。春熙烏什辦事大
	法福禮
	哈勒吉那十一月癸亥召。阿彥達西
	穆騰額

八月戊辰遷。西凌阿代。

齊都統。

辦事大臣。

臣。

寧辦事大臣。十二月辛卯留京。吳必淳代。

咸豐二年壬子	
奕興	
固慶	
英隆	
奕格	四月癸卯觀。車林多爾濟烏里雅
奕山	
托明阿	
賡福	
西凌阿	
樂斌	
訥勒亨額	
善燾	十二月己丑召。哈勒吉那烏里雅
瑞元	
布彥泰	
扎拉芬泰	六月丙午遷。豐伸塔爾巴哈
德齡	
慶昀	十二月己丑召。鍾芳哈密辦事大
舒精阿	召。十二月己亥，文蔚喀喇沙爾
承芳	十二月己丑召。赫特賀庫車辦事
圖伽布	十二月己丑召。倭什渾布阿克
春熙	
特克興額	
法福禮	
吳必淳	
穆鷲額	六月壬寅召。海枚駐藏辦事大

蘇台將軍。六月丙午留京。扎拉芬泰補。

蘇台參贊大臣。

台參贊大臣。

臣。丁酉休致。文蔚代。

辦事大臣。戊戌遷。文俊代。

大臣。

蘇辦事大臣。

臣。

咸豐三年癸丑	
奕興九月辛酉，假。書	
固慶正月辛未，免。景	
英隆	
扎拉芬泰	七月辛亥，善燾署。
奕山	
托明阿二月丁酉遷。	
賡福二月丁酉遷。花	
西凌阿三月差。花山	
樂斌二月丁酉遷。賡	
訥勒亨額	
哈勒吉那	
瑞元正月癸卯調。景	
布彥泰九月己未召。	
豐伸正月丁卯遷。色	
德齡正月壬戌議處。	
文蔚三月丁卯遷。崇	
文俊正月壬申遷。玉	
赫特賀五月戊午遷。	
倭什渾布	
春熙	
特克興額九月丁卯	
法福禮九月己未遷。	
吳必淳	
海枚三月丁卯調。文	

元署。

淳吉林將軍。

樂斌綏遠城將軍。三月丙辰，盛壎署。八

山太熱河都統。三月癸丑遷。毓書熱河

太署察哈爾都統。

福烏魯木齊都統。

亮科布多參贊大臣。七月壬子，特克愼

圖伽布伊犂參贊大臣。

克通額爾塔巴哈台參贊大臣。

丁卯降。豐伸葉爾羌參贊大臣。

恩代。壬申遷。明誼代。

通喀喇沙爾辦事大臣。

常清庫車辦事大臣。九月丁卯遷。烏爾

免。常清喀什噶爾辦事大臣。

麟翔和闐辦事大臣。

蔚駐藏辦事大臣。五月戊午遷。赫特賀

咸豐四年甲寅	
奕興二月戊寅	
景淳	
英隆二月癸巳	
扎拉芬泰十月	
奕山十月戊午	
善祿十一月戊	月己卯,樂斌遷。善祿代。
毓書	都統。
花山太十一月	
賡福	
訥勒亨額十月	
哈勒吉那	
特克愼	代。
圖伽布	
色克通額二月	
豐伸正月癸丑	
明誼十月己未	
玉通	
烏爾精阿	精阿代。
倭什渾布閏七	
春熙二月癸未	
常清正月癸丑	
麟翔	
吳必淳九月戊	
赫特賀	代。

免。癸巳，英隆盛京將軍。承志署。

遷。奕格黑龍江將軍。

戊午遷。奕興烏里雅蘇台將軍。

召。扎拉芬泰伊犂將軍。

子卒。花山太綏遠城將軍。

戊午遷。穆隆阿署察哈爾都統。

己未解任。明誼庫倫辦事大臣。

庚辰解任。保恆塔爾巴哈台參贊大臣。

解任。常清葉爾羌參贊大臣。

遷。色克通阿哈密辦事大臣。

月戊寅遷。謙亨阿克蘇辦事大臣。

遷。保恆烏什辦事大臣。

遷。扎拉芬泰喀什噶爾辦事大臣。七月

寅免。東純西寧辦事大臣。易棠署。十月

英俊署。癸未，保恆遷。春熙代。八月己亥假。

乙未遷。舒興阿代。閏七月戊寅，倭什渾布

癸丑，薩勒杭阿署。

英秀署。癸亥，春熙卒。舒興阿代。十月戊

代。

咸豐五年乙卯	
英隆十二月己巳遷。奕湘	
景淳	
奕格十二月丁未病免。奕	
奕興九月乙丑病免。奕湘	
扎拉芬泰	
花山太二月乙卯病免。慶	
毓書五月丙子免。柏葰熱	
穆隆阿	
賡福八月甲午病免。恆毓	
明誼九月壬戌遷。色克通	
哈勒吉那	
特克愼十一月丙戌召。麟	
圖伽布十一月丙戌召。謙	
英秀九月壬戌召。明誼塔	午遷。英秀代。
常清	
色克通阿二月壬戌憂免。	
玉通	
烏爾精阿	
謙亨十月丙申遷。海樸阿	
保恆	
倭什渾布十月丙申遷。謙	
麟翔十一月丙戌遷。慶英	
東純	
赫特賀	

盛京將軍。

山黑龍江將軍。

烏里雅蘇台將軍。哈勒吉那署。十二月乙

如綏遠城將軍。十二月乙巳，成凱代。丙午，

河都統。十二月乙巳遷。英隆熱河都統。

烏魯木齊都統。十月丙申召。倭什渾布代。

阿庫倫辦事大臣。

翔科布多參贊大臣。

亨伊犁參贊大臣。

爾巴哈台參贊大臣。

存誠哈密辦事大臣。

克蘇辦事大臣。

亨喀什噶爾辦事大臣。十一月丙戌遷。文

和闐辦事大臣。

咸豐六年丙辰	
奕湘　正月丙子，承志署盛	
景淳	
奕山	
慶如	巳，慶如代。
扎拉芬泰　十月壬子召。常清	
成凱	德陞署。
英隆	
穆隆阿	
倭什渾布	
色克通阿	
哈勒吉那　六月己丑免。玉通	
麟翔	
謙亨　十二月甲辰病免。法福	
明誼	
常清　十月壬子遷。英慶葉爾	
存誠	
玉通　六月己丑遷。裕瑞喀喇	
烏爾精阿　十月壬子召。固慶	
海樸	
保恆	
文元　十二月乙巳病免。裕瑞	元代。
慶英　十月壬子遷。培成和闐	
東純　九月壬午遷。圖伽布西	
赫特賀	

京將軍，三月己未病免。慶祺代。

伊犁將軍。

烏里雅蘇台參贊大臣。

禮伊犁參贊大臣。

羌參贊大臣。

沙爾辦事大臣，十二月乙巳遷。奎棟代。

庫車辦事大臣，十二月己亥遷。特克慎代。

喀什噶爾辦事大臣。

辦事大臣。

寧辦事大臣。

咸豐七年丁巳
慶祺二月辛卯假。承志署。六月，慶祺回
景淳
奕山
慶如
常清四月癸卯遷。扎拉芬泰伊犂將軍。
成凱
英隆
西凌阿三月仍回任。
倭什渾布
色克通阿
玉通
麟翔
法福禮
明誼
慶英
存誠
奎棟
特克愼
海樸
保恆
裕瑞
培成
圖伽布
赫特賀閏五月乙未病免。滿慶駐藏辦

咸豐八年戊午	
慶祺六月己酉召。玉明署盛京	任。
景淳	
奕山	
慶如	
扎拉芬泰	
成凱	
英隆五月乙亥遷。常清熱河都	
西淩阿三月乙酉差。慶昀署察	
倭什渾布十月辛酉召。圖伽布	
色克通阿	
玉通	
麟翔十月辛酉召。達綏科布多	
法福禮	
明誼	
慶英十月辛酉召。裕瑞葉爾羌	
存誠九月辛巳遷。多慧哈密辦	
奎棟十一月丙戌病免。興泰喀	
特克慎	
海樸	
保恆	
裕瑞十月辛亥遷。固慶喀什噶	
圖伽布十月遷。福濟西寧辦事	
滿慶	事大臣。

	咸豐九年己未
將軍。	玉明
	景淳正月丙子
	奕山五月乙酉
	慶如十月壬戌
	扎拉芬泰
	成凱
統。	常清
哈爾都統。	慶昀
烏魯木齊都統。慶英署。	圖伽布
	色克通阿
	玉通九月壬辰
參贊大臣。	達緩卒。九月壬
	法福禮十月壬
	明誼十月壬戌
參贊大臣。	裕瑞十二月壬
事大臣。	多慧
喇沙爾辦事大臣。	興泰
	特克慎
	海樸三月甲午
	保恆四月己亥
爾辦事大臣。	固慶七月壬申
	培成十月壬戌
大臣。	福濟
	滿慶十月壬戌

召。特普欽署吉林將軍。景淳尋回任。

革留。八月庚子召。特普欽署黑龍江將軍。

召。明誼烏里雅蘇台將軍。

遷。平瑞烏里雅蘇台參贊大臣。

辰，玉通科布多參贊大臣。

戊召。景廉伊犂參贊大臣。

遷。明玉塔爾巴哈台參贊大臣。

寅遷。英蘊葉爾羌參贊大臣。

病免。綿性阿克蘇辦事大臣。

病免。德通烏什辦事大臣。文藝署。文興代。

病免。奎英喀什噶爾辦事大臣。

召。約遜和闐辦事大臣。

召。崇實駐藏辦事大臣。

咸豐十年庚申

玉明八月己卯入衞。倭仁署盛京將軍。

景淳

特普欽

明誼六月，平瑞署烏里雅蘇台將軍。

扎拉芬泰卒。七月己酉，常清伊犁將軍。

成凱八月己卯入衞。德勒克多爾濟署

常清二月己未遷。春佑熱河都統。

慶昀

圖伽布二月己未遷。常清烏魯木齊都

色克通阿十月乙酉免。十一月甲午，景

平瑞

玉通十一月甲午召。錫霖科布多參贊

景廉

明玉

英蘊

多慧九月乙卯遷。穆輅哈密辦事大臣。

興泰九月乙卯遷。依奇哩喀喇沙爾辦

特克愼十一月甲午召。景紋庫車辦事

綿性

德通

奎英

約遜正月丙子病免。常亮和闐辦事大

福濟遷。六月丙子，文俊西寧辦事大臣。

崇實

玉明十月回任。

明誼尋回任。

綏遠城將軍。成凱尋回任。

統。閏三月癸酉，圖伽布卒。法福禮署。業

紋庫倫辦事大臣。

大臣。

事大臣。

大臣。

臣。

九月乙卯留京。多慧代。

咸	
玉	
景	
特	
明	明
常	
成	
春	
慶	
法	普沖額暫署。七月己酉遷。法福禮代。
色	
平	
錫	
景	
明	
英	
穆	
依	
景	
綿	
德	
奎	
常	
多	
崇	

豐　十一年辛酉

明

淳　改名景綸。

普　欽

誼

清

凱　四月卒。德勒克多爾濟綏遠城將軍。

佑

昀

福　禮　十一月丙戌召。平瑞烏魯木齊都統。

克　通阿

瑞　十一月丁亥遷。麟興烏里雅蘇台參贊

霖　十一月丁亥召。廣鳳科布多參贊大臣。

廉

玉

蘊

輅　十一月丁亥召。興泰哈密辦事大臣。

奇　哩

紋　七月庚戌遷。薩淩阿七月辛亥，庫車辦

性　六月甲戌解。任奎棟阿克蘇辦事大臣。

通

英

亮

慧

實　十月丁丑遷。景紋駐藏辦事大臣。

		同治元年壬戌
	盛京將軍	玉明
	吉林將軍	景綸
	黑龍江將軍	特普欽
	烏里雅蘇台將軍	明誼四
	伊犁將軍	常清
	綏遠城將軍	德勒克
	熱河都統	春佑十
	察哈爾都統	慶昀
	烏魯木齊都統	平瑞
	庫倫辦事大臣	色克通
大。臣	烏里雅蘇台參贊大臣	麟興
	科布多參贊大臣	廣鳳
	伊犁參贊大臣	景廉四
	塔爾巴哈台參贊大臣	明玉四
	葉爾羌參贊大臣	英蘊四
	哈密辦事大臣	興泰十
	喀喇沙爾辦事大臣	依奇哩
事大。臣	庫車辦事大臣	薩凌阿
	阿克蘇辦事大臣	奎棟四
	烏什辦事大臣	文興七
	喀什噶爾辦事大臣	奎英
	和闐辦事大臣	常亮七
	西寧辦事大臣	多慧二
	駐藏辦事大臣	景紋

月乙亥差。麟興署烏里雅蘇台將軍。明誼

多爾濟

月甲午遷。瑞麟熱河都統。

阿免。四月癸丑，特克愼庫倫辦事大臣。

月壬申遷。明緒伊犂參贊大臣。

月壬申遷。奎棟塔爾巴哈台參贊大臣。十

月壬申免。景廉葉爾羌參贊大臣，未任。奎

月丁未召。文祥哈密辦事大臣。

月壬申遷。崇恩阿克蘇辦事大臣。福珠哩

月乙酉降。奕慶烏什辦事大臣，未任。文興

月戊戌免。奎章和闐辦事大臣，未任。慶英

月壬申革。癸亥，毓科西寧辦事大臣。七月

	同治二年癸亥
	玉明
	景綸
	特普欽
尋回任。	明誼
	常清
	德勒克多爾濟
	瑞麟五月壬戌遷。麒
	慶昀二月癸巳遷。阿
	平瑞
	特克愼八月丙子免。
	麟興
	廣鳳
	明緒
月丁未召。錫霖代。	錫霖
棟仍署。	奎棟
	文祥
	依奇哩
	薩凌阿
署。	福珠哩
仍任。	奕慶六月丙申免。慶
	奎英二月丙申嚴議。
署。	慶英
乙巳病免。玉通代。	玉通
	景紋

同	
玉	
景	
特	
明	
常	
德	
麒	慶熱河都統。
阿	克敦布察哈爾都統。
平	
文	文盛庫倫辦事大臣。
麟	
廣	
明	
錫	
奎	
文	
依	
薩	
福	
文	明烏什辦事大臣，未任。文興仍任。
奎	壬子，常明喀什噶爾辦事大臣，未任。
慶	
玉	
景	

治	三年甲子
明	
綸	十二月壬申革。十二月己丑，皂保署。
普	欽
誼	
清	十月辛未革。明緒伊犁將軍。
勒	克多爾濟
慶	
克	敦布
瑞	九月辛丑殉。十月戊寅，保恆署烏魯木
盛	
興	
鳳	
緒	十月辛未遷。聯捷伊犁參贊大臣。
霖	
棟	十月殉。景廉癸巳革。武隆額葉爾羌參
祥	六月戊寅遷。保恆哈密辦事大臣。
奇	哩六月殉。戊寅，文永庫車辦事大臣。
淩	阿五月殉。
珠	哩六月殉。
興	六月殉。
英	九月殉。
英	六月殉。
通	
紋	

同治四年乙丑	
玉明　七月己丑免。恩合署盛京	
皂保　閏五月己丑免。恩合吉林	
特普欽	
明誼	
明緒	
德勒克多爾濟	
麒慶	
阿克敦布	
保恆　二月卒。	齊都統。
文盛	
麟興	
廣鳳	
聯捷　十月戊申遷。榮全伊犁參	
錫霖　正月殉。六月壬寅，武隆額	
武隆額　六月壬寅遷。額膽額葉	贊大臣。
札克通阿　二月己卯，哈密辦事	
玉通	
景紋	

將軍。十二月乙卯革。都興阿代。

將軍。七月己丑調。皂保仍署。九月丁丑，德

贊大臣。

署塔爾巴哈台參贊大臣。

爾羌參贊大臣，未任。

大臣。

同治五年丙寅	
都興阿	
德英夔免。二月壬子,富明阿吉林	英代。
特普欽	
明誼正月戊申病免。己酉,德勒克	
明緒正月壬午殉。五月,榮全署伊	
德勒克多爾濟六月己酉遷。福興	
麒慶	
阿克敦布五月遷。甲戌,福興察哈	
文盛	
麟興	
廣鳳五月甲戌病免。奎昌署科布	
榮全	
武隆額二月殉。五月甲戌,德興阿	
文麟哈密辦事大臣。八月丙辰,丁	
玉通	
景紋	

將軍。

多爾濟烏里雅蘇台將軍。麟興署。

犂將軍。乙亥，李雲麟代。辦

綏遠城將軍。

爾都統。六月己酉，色爾固善代。廉至署。九

多參贊大臣。

塔爾巴哈台參贊大臣。李雲麟署。

憂改署。

同治六年	
都興阿	
富明阿	
特普欽十	
麟興	
榮全	
福興二月	
麒慶	
色爾固善	月戊寅，色爾固善憂。裕瑞署。
文盛十月	
麟興四月	
奎昌	
榮全	
李雲麟十	
文麟	
玉通	
景紋	

丁卯十一月,設布倫托海辦事大臣。初

月甲午病免。德英署黑龍江將軍。

假。桂成署。四月庚子,福興病免。裕瑞綏

卒。十月,文盛察哈爾都統。杜嘎爾兼署。

還。張廷岳庫倫辦事大臣。

乙巳還。榮全烏里雅蘇台參贊大臣。

一月還。

任李雲麟，八年裁。	同治七年戊辰
	都興阿召。奕榕署
	富明阿
	德英
	麟興
	榮全
遠城將軍。桂成仍署。	裕瑞卒。正月丁卯，
	麒慶十二月戊辰
	文盛
	張廷岳
	榮全
	奎昌
	玉通
	景紋

盛京將軍。十月勘邊。額勒和布暫署。都

定安綏遠城將軍。

免。慶春熱河都統。魁聯署。

	同治八年己巳
興阿回任。	都興阿
	富明阿
	德英
	麟興　四月乙巳革。福濟烏里
	榮全
	定安
	慶春　九月乙酉遷。庫克吉泰
	文盛
	張廷岳
	榮全
	奎昌
	玉通
	恩麟

同治九年庚午	
都興阿	
富明阿九月乙酉病免。奕	
德英	
福濟	雅蘇台將軍。
榮全	
定安	
庫克吉泰	熱河都統。
文盛	
張廷岳	
榮全	
奎昌九月辛卯召。瑛啓科	
玉通卒。正月己丑，豫師西	
恩麟	

	同治十年辛未
	都興阿
榕吉林將軍。毓福署。	奕榕
	德英五月壬戌憂。
	福濟四月壬戌革。
	榮全
	定安
	庫克吉泰
	文盛五月癸丑病
	景廉癸酉，烏魯木
	張廷岳
	榮全十一月辛丑
布多參贊大臣。	瑛啓病免。九月庚
	富和十一月癸卯，
寧辦事大臣。	豫師
	恩麟

同	
都	
奕	
德	托克湍署黑龍江將軍。德英尋回任。
金	金順烏里雅蘇台將軍。
榮	
定	
庫	
額	免。額勒和布察哈爾都統。
景	齊都統。
張	
志	解任。志剛署烏里雅蘇台參贊大臣。
長	寅，長順科布多參贊大臣。
富	塔爾巴哈台參贊大臣。
豫	
恩	

治十一年壬申
興阿
榕
英
順未任。奎昌署。八月癸酉，金順免。長順署
全
安
克吉泰
勒和布
廉
廷岳
剛
順八月癸申遷。托倫布署科布多參贊大
和
師
麟

	同治十二年癸酉
	都興阿
	奕榕
	德英
烏里雅蘇台將軍。	長順
	榮全
	定安
	庫克吉泰卒。四月己
	額勒和布十二月辛
	景廉
	張廷岳
	志剛五月病免。文奎
臣。	托倫布
	富和三月庚子差。英
	豫師
	恩麟七月壬戌議處。

巳，瑞聯熱河都統。

卯差。慶春署察哈爾都統。奎昌暫署。

烏里雅蘇台參贊大臣。十二月丁亥嚴

廉塔爾巴哈台參贊大臣。

癸亥，承繼駐藏辦事大臣。

	同治十三年甲戌
	都興阿
	奕榕
	德英卒。正月癸酉，豐紳黑
	長順四月壬辰革。額勒和
	榮全
	定安七月乙丑病免。善慶
	瑞聯
	額勒和布四月壬辰遷。慶
	景廉
	張廷岳十二月甲戌卒。志
議。杜嘎爾署。	杜嘎爾
	托倫布
	英廉
	豫師
	承繼卒。九月癸卯，松淮駐

光緒元年乙亥	
盛京將軍	
吉林將軍	
黑龍江將軍	龍江將軍。依克唐阿署。
烏里雅蘇台將	布烏里雅蘇台將軍。
伊犁將軍	
綏遠城將軍	綏遠城將軍。
熱河都統	
察哈爾都統	春察哈爾都統。
烏魯木齊都統	
庫倫辦事大臣	剛庫倫辦事大臣。
烏里雅蘇台參	
科布多參贊大	
伊犁參贊大臣	
塔爾巴哈台參	
葉爾羌參贊大	
哈密辦事大臣	
喀喇沙爾辦事	
庫車辦事大臣	
阿克蘇辦事大	
烏什辦事大臣	
喀什噶爾辦事	
和闐辦事大臣	
西寧辦事大臣	
駐藏辦事大臣	藏辦事大臣。

	都興阿 正月入覲。志和署盛京
	奕榕 六月革。穆圖善署吉林將
	豐紳
軍	額勒和布
	榮全
	善慶
	瑞聯
	慶春
	景廉 三月丙寅遷。金順烏魯木
	志剛
贊大臣	杜嘎爾
臣	托倫布
贊大臣	英廉
臣	
	文麟
大臣	
臣	
大臣	
	豫師
	松溎

將軍。二月庚午，都興阿卒。己卯，崇實署。

軍。

齊都統。

光緒	二年丙子	
崇實	十月庚辰卒。崇厚署盛京將軍。岐	
穆圖善	四月庚辰革。古尼音布署吉林	
豐紳		
額勒和布		
榮全	十月乙卯召。金順伊犂將軍。	
善慶	十月甲寅遷。慶春綏遠城將軍。	
瑞聯	十月甲寅遷。延煦熱河都統。	
慶春	十月甲寅遷。瑞聯察哈爾都統。	
金順	十月乙卯遷。英翰烏魯木齊都統。	
志剛		
杜嘎爾		
托倫布	閏五月乙丑病免。保英科布多	
英廉		
文麟	閏五月卒。乙亥，明春哈密辦事大	
豫師		
松溎		

光緒三年丁丑	
崇厚	元兼署。
古尼音布四月甲辰免。銘安	將軍。
豐紳	
額勒和布七月乙丑病免。恆	
金順	
慶春四月壬辰遷。瑞聯綏遠	
延煦	
瑞聯四月壬辰遷。春福察哈	
英翰	
志剛	
杜嘎爾	
保英	參贊大臣。
英廉十月己酉召。錫綸塔爾	
明春	臣。
豫師	
松溎	

署吉林將軍。

訓烏里雅蘇台將軍。八月庚寅遷。春福代。

城將軍。

爾都統。八月遷。穆圖善代。

巴哈台參贊大臣。

光緒四年戊寅

崇厚　五月辛未召。岐元兼署盛京將軍。

銘安　十月戊戌差。崇綺暫署吉林將軍。

豐紳

春福

金順

瑞聯

延煦

穆圖善

英翰　卒。正月壬戌，豫師署烏魯木齊都

志剛　三月己未病免。英奎庫倫辦事大

杜嘎爾

保英　七月甲寅病免。清安署科布多參贊

錫綸

明春

豫師　正月壬戌遷。三月辛亥，福裕署西

松溎

銘安尋回。

統。金運昌暫護。十月乙未,豫師病免。恭

臣。

大臣。

寧辦事大臣。十月丙申,喜昌代。

光緒五年己卯	
岐元	
銘安	
豐紳十月丁亥遷。希元黑龍江將	
春福十一月庚午召。吉和烏里雅	
金順	
瑞聯十一月丁亥遷。豐紳綏遠城	
延煦五月壬辰病免。癸巳,崇綺熱	
穆圖善六月己未遷。景豐察哈爾	
恭鏜	鏜署。
英奎卒。四月乙卯,文格庫倫辦事	
杜嘎爾	
清安	
錫綸	
明春	
喜昌	
松溎十一月庚午召。色楞額駐藏	

光緒六	
岐元	
銘安	
希元二	軍，未任。豐紳未卸。
吉和六	蘇台將軍。
金順	
豐紳	將軍。
崇綺	河都統。
祥亨	都統。十月戊午遷。祥亨代。
恭鏜	
奕榕	大臣。五月庚申免。辛酉，奕榕代。
杜嘎爾	
清安	
錫綸	
明春	
喜昌六	
色楞額	辦事大臣。

年庚辰

月癸亥召。定安黑龍江將軍。

月丙午留京。杜嘎爾烏里雅蘇台將軍。

六月丙午遷。喜昌烏里雅蘇台參贊大臣。

月丁未遷。福錕署西寧辦事大臣。

	光緒七年辛巳
	岐元六月辛卯入
	銘安
	定安十二月丙寅
	杜嘎爾
	金順
	豐紳
	崇綺七月戊辰遷。
	祥亨八月戊辰遷。
	恭鏜
	奕榕四月己亥召。
七月甲午差。桂祥署。	桂祥
	清安
	升泰五月丙子，伊
	錫綸
	明春
	福錕
	色楞額

觀。恩福暫署。七月戊辰遷。崇綺盛京將軍。

病免。文緒署黑龍江將軍。

額勒和布熱河都統。

謙禧察哈爾都統。

喜昌庫倫辦事大臣。

犂參贊大臣。

光緒八年壬午

崇綺

銘安

文緒

杜嘎爾

金順

豐紳

額勒和布

謙禧十一月乙酉召。吉和察哈爾都統。

恭鏜

喜昌

桂祥

清安

升泰

錫綸

明春

福錕正月辛亥遷。李慎西寧辦事大臣。

色楞額

光緒九年癸未	
崇綺	十二月戊辰病免。慶裕盛京將軍。
銘安	二月甲戊病免。希元吉林將軍。玉
文緒	
杜嘎爾	
金順	
豐紳	
額勒和布	二月甲寅遷。恩福熱河都統。
吉和	十月乙亥憂。永德暫署察哈爾都
恭鏜	十一月乙未遷。長順烏魯木齊都
喜昌	二月己卯病免。庚辰,桂祥庫倫辦
桂祥	二月庚辰遷。恆明烏里雅蘇台參
清安	
升泰	
錫綸	
明春	
李慎	
色楞額	

光緒十	
慶裕	
希元	亮署。
文緒	
杜嘎爾	
金順	
豐紳閏	
繼格四	九月卒。丁未，繼格代。富華暫護。
紹祺	統。十二月丁巳，吉和遷。紹祺代。
長順二	統。
桂祥	事大臣。
恆明	贊大臣。
清安八	
錫綸	
明春	
李慎	
色楞額	

年甲申十月壬申,裁烏魯木齊都統,伊犂
五月丁卯遷。克蒙額綏遠城將軍。
月戊午遷。謙禧熱河都統。
月己酉假。升泰署烏魯木齊都統。八月己
月癸巳調。沙克都林扎布科布多參贊大

蘇、	克	阿	車、	庫	爾、	沙	喇	喀	密、	哈	臣,	大	贊	參

署。仍泰升遷。順長卯,

臣。

光緒	烏什、葉爾羌、和闐等處辦事大臣。
慶裕	
希元	
文緒	
杜嘎	
金順	
克蒙	
謙禧	
紹祺	
桂祥	
恆明	
沙克	
錫綸	
李慎	
色楞	

十一年乙酉

爾

八月庚午。召錫綸署伊犁將軍。

額

十一月丙辰。革色楞額庫倫辦事大臣。

十一月甲辰。召祥麟烏里雅蘇台參贊大

都林扎布

八月庚午。遷明春署塔爾巴哈台參贊大

額十一月丙辰。遷文碩駐藏辦事大臣。

	光緒十二年丙戌
	慶裕
	希元
	文緒　五月丙午病免。恭鏜黑龍江將
	杜嘎爾
	錫綸　八月辛酉解任。色楞額伊犂將
	克蒙額
	謙禧
	紹祺　三月戊寅遷。己卯,托倫布察哈
	色楞額　八月辛酉遷。安德庫倫辦事
臣。	祥麟
	沙克都林扎布
臣。	明春　三月癸丑病免。春滿塔爾巴哈
	李愼　十月辛巳憂。福裕署西寧辦事
	文碩

	光緒十三年丁亥
	慶裕
	希元
軍。七月壬寅，祿彭護。	恭鏜
	杜嘎爾
軍。	色楞額
	克蒙額
	謙禧
爾都統。	托倫布
大臣。	安德
	祥麟
	沙克都林扎布
台參贊大臣。	春滿九月免。額爾
大臣。	
	文碩

光緒十	
慶裕	
希元四	
恭鏜	
杜嘎爾	
色楞額	
克蒙額	
謙禧	
托倫布	
安德	
祥麟	
沙克都	
額爾慶	慶額署塔爾巴哈台參贊大臣。
李慎正	
文碩正	

四年戊子

月己酉，遷。長順吉林將軍。

林扎布

額

月丁卯病免。戊辰，薩凌阿西寧辦事大臣。

月癸酉召。長庚駐藏辦事大臣。

光緒十五年己丑	
慶裕	七月壬子病免。甲寅，裕祿盛京將
長順	
恭鏜	正月還。依克唐阿黑龍江將軍。
杜嘎爾	卒。四月戊寅，托克湍烏里雅蘇
色楞額	
克蒙額	
謙禧	
托倫布	十一月辛酉免。甲子，奎斌察哈
安德	
祥麟	
沙克都林扎布	十二月甲戌還。雙壽科
額爾慶額	
薩凌阿	
長庚	

	光緒十六年庚寅
軍。	裕祿
	長順
	依克唐阿
台將軍。	托克湍
	色楞額卒。五月乙
	克蒙額
	謙禧卒。五月丙,戌
爾都統。	奎斌
	安德
	祥麟二月丁酉遷。
布多參贊大臣,未任。	雙壽
	額爾慶額
	薩凌阿
	長庚五月乙亥遷。

光緒	
裕祿	
長順	
依克	
托克	
長庚	亥，長庚伊犁將軍。富勒銘額暫護。
克蒙	
德福	德福熱河都統。恩良暫署。
奎斌	
安德	
崇歡	戊戌，崇歡烏里雅蘇台參贊大臣。
雙壽	
額爾	
薩凌	
升泰	升泰駐藏辦事大臣。

十七年辛卯

唐阿

湍六月辛酉革。永德烏里雅蘇台將軍。

額

十一月丁丑免。奎斌熱河都統。廷雍暫

十一月丁丑遷。德銘察哈爾都統。

卒。二月癸未，魁福科布多參贊大臣。

慶額

阿二月甲申憂。奎順暫署西寧辦事大

	光緒十八年壬辰
	裕祿
	長順
	依克唐阿
崇歡暫署。	永德
	長庚
	克蒙額
護。	奎斌
	德銘
	安德
	崇歡
	沙克都林扎布
	額爾慶額
臣。	薩凌阿九月乙未病免。奎順
	升泰九月卒。甲辰，奎煥駐藏

	光緒十九年癸巳
	裕祿
	長順
	依克唐阿
	永德
	長庚
	克蒙額
	奎斌 六月丙辰,卒。廷雍
	德銘
	安德
	崇歡
	沙克都林扎布
	額爾慶額 四月癸酉,卒。
西寧辦事大臣。	奎順
辦事大臣。	奎煥

光緒	
裕祿	
長順	
依克	
永德	
長庚	
克蒙	
慶裕	署熱河都統。
德銘	
安德	
崇歡	
富勒	富勒銘額塔爾巴哈台參贊大臣。
奎順	
奎煥	

二十年甲午

九月癸卯出師奉天。恩澤署吉林將軍。

唐阿七月出師。增祺署黑龍江將軍。十月

七月丙申召。崇歡暫署烏里雅蘇台將軍。

額十二月甲寅降。永德署綏遠城將軍。

八月癸亥遷。崇禮署熱河都統。

十一月庚辰遷。志銳烏里雅蘇台參贊大

銘額

壬戌，依克唐阿革。乙丑，恩澤補。增祺仍署。
十一月庚辰，永德留京。崇歡補。
臣。

光緒	二十一年乙未
裕祿	八月癸巳遷。依克唐阿盛京將軍。
恩澤	十月卸。長順任。
增祺	十月卸。恩澤黑龍江將軍。
崇歡	
長庚	
永德	
崇禮	八月丁亥病免。癸巳，壽蔭熱河都統。
德銘	
安德	七月丁未免。桂斌庫倫辦事大臣。
志銳	
富勒銘額	
奎順	
奎煥	

光緒二十二年丙申

依克唐阿

長順　四月庚午病免。壬申，延茂署。吉林

恩澤

崇歡

長庚

永德

壽蔭

德銘　十一月丁巳病免。己未，祥麟察哈

桂斌　九月癸卯召。連順庫倫辦事大臣。

志銳

魁福　七月己亥病免。連順科布多參贊

富勒銘額

奎順

奎煥　二月壬申免。乙亥，文海駐藏辦事

	光緒二十三
	依克唐阿
將軍。	延茂
	恩澤
	崇歡十一月
	長庚
	永德
	壽蔭
爾都統。	祥麟
	連順
	志銳
大臣。九月癸卯遷。寶昌代。	寶昌
	富勒銘額十
	奎順三月甲
大臣。	文海

年丁酉

丙申病免。戊戌，貴恆烏里雅蘇台將軍。

月癸酉病免。春滿塔爾巴哈台參贊大臣。

辰憂。聯魁署西寧辦事大臣。

光緒二十四年戊戌

依克唐阿

延茂

恩澤

貴恆九月辛酉病免。連順烏里雅蘇台

長庚

永德

壽蔭七月丙寅遷。色楞額熱河都統。

祥麟

連順九月癸亥遷。興廉庫倫辦事大臣。

志銳

寶昌

春滿

奎順十月戊申召。闊普通武西寧辦事

文海

	光緒二十五年己亥
	依克唐阿正月戊寅卒。文興兼盛
	延茂六月癸卯免。長順吉林將軍。
	恩澤十二月癸巳卒。丁酉,壽山署
將軍。	連順
	長庚
	永德
	色楞額
	祥麟
	興廉四月丁酉病免。戊戌,豐陞阿
	志銳八月癸卯遷。奎煥烏里雅蘇
	寶昌九月庚戌免。崇勳科布多參
	春滿
大臣。	闊普通武
	文海

光緒二十六	
增祺	京將軍。三月壬申，增祺代。
長順	
壽山八月壬	黑龍江將軍。
連順	
長庚	
永德	
色楞額	
祥麟六月甲	
豐陞阿	庫倫辦事大臣。
奎煥	台參贊大臣。
瑞洵	贊大臣。乙卯，留。瑞洵代。
春滿	
闊普通武	
文海二月乙	

年庚子

寅殉。閏八月乙巳，綽布哈黑龍江將軍，未

戊召。芬車察哈爾都統。七月乙丑，隨扈。奎

酉卒。正月乙卯，慶善駐藏辦事大臣。九月

	光緒二十七年辛
	增祺
	長順
任。十月丁卯，薩保署。	薩保
	連順
	長庚七月丙子召。
	永德正月自裁。崇
	色楞額
順代。	奎順
	豐陞阿
	奎煥
	瑞洵
	春滿
	闊普通武
辛巳，裕鋼代。	裕鋼

丑

馬亮伊犂將軍。

善綏遠城將軍。奎成署。二月甲辰，崇善遷。

光緒二十八年壬寅	
增祺	
長順	
薩保	
連順	
馬亮	
信恪 三月丙戌遷。鍾泰 綏遠城	信恪代。
色楞額 四月庚戌召。錫良 熱河	
奎順	
豐陞阿	
奎煥	
瑞洵	
春滿	
闊普通武	
裕鋼 十一月己未，召。有泰 駐藏	

將軍。十一月卒。恆壽代。文瑞署。

都統。七月辛未，松壽署。十二月，錫良回任。

辦事大臣。

光緒	二十九年癸卯
增祺	
長順	
薩保	
連順	
馬亮	
恆壽	八月卒。壬戌，貽穀代。
錫良	三月癸亥遷。甲子，松壽熱河都統。
奎順	
豐陞阿	八月壬戌遷。德麟庫倫辦事大
奎煥	
瑞洵	
春滿	
闊普通武	四月丁未休致。庚戌，準良西
有泰	

	光緒三十年甲辰四月,改
	增祺
	長順卒。正月癸巳,富順暫
	薩保四月戊辰卸。達桂署
	連順十二月己酉召。奎順
	馬亮
	貽穀
	松壽
	奎順十二月己酉遷。升允
臣。	德麟八月己巳免。庚午,樸
	奎煥
	瑞洵免。壽勳科布多參贊
	春滿十月戊午調。安成塔
寧辦事大臣。	準良八月壬戌召。延祉西
	有泰

科布多幫辦大臣爲辦事大臣,駐阿爾泰。

署吉林將軍。

黑龍江將軍。

烏里雅蘇台將軍。

察哈爾都統。

壽庫倫辦事大臣。

大臣。錫恆四月,科布多辦事大臣。

爾巴哈台參贊大臣。

寧辦事大臣,未任。

光緒三十一年乙巳
增祺四月丙午憂免。趙爾巽盛京將軍。
富順九月召。達桂署吉林將軍。
達桂四月甲寅召。程德全署黑龍江將
奎順六月庚戌留京。馬亮烏里雅蘇台
馬亮六月庚戌還。長庚伊犂將軍。廣福
貽穀
松壽十一月己卯還。廷杰熱河都統。
升允正月甲午還。乙未，溥頲察哈爾都
樸壽六月辛未還。延祉庫倫辦事大臣。
奎煥
壽勳三月乙酉調。連魁科布多參贊大
安成
準良五月癸未卸。胡孚駿暫護。六月辛
有泰

光緒三十	
趙爾巽	延杰署。六月丙寅，趙爾巽任。
達桂	
程德全	軍。
馬亮	將軍。
長庚　廣	署。
貽穀	
延杰	
溥頵九月	統。
延祉	
奎煥	
連魁　錫	臣。　錫恆
安成	
慶恕	未，延祉還。慶恕代。
有泰十月	

光緒三十	二年丙午
趙爾巽	
達桂　三	
程德全	
馬亮	
長庚	福仍署。
貽穀	
廷杰	
松壽正月	乙卯遷。松壽察哈爾都統。
延祉	
奎煥	
連魁　錫	恆
安成五月	
慶恕	
聯豫	癸未召。聯豫駐藏辦事大臣。

三年丁未

三月己亥，改盛京將軍爲東三省總督，兼

月己亥，改設吉林巡撫。五月庚子，達桂卸。

三月己亥，改設黑龍江巡撫。丙辰，德全改

壬子，遷。誠勳察哈爾都統。

恆

甲午，病免。扎拉豐阿塔爾巴哈台參贊大

光	
	管三省將軍事務。五月壬辰，趙爾巽卸。
	署巡撫。
馬	
長	
貽	
廷	
誠	
延	
奎	
連	
扎	臣。
慶	
聯	

緒三十四年戊申

亮四月己卯遷。堃岫署烏里雅蘇台將軍。

庚

穀四月乙卯革逮。信勤署綏遠城將軍。胡

杰

勳

祉

煥

魁四月辛巳遷。溥鋆科布多參贊大臣。

拉豐阿

恕

豫

	宣統元年己酉	
	伊犁將軍	長庚五
	綏遠城將軍	信勤
	烏里雅蘇台將軍	堃岫
	熱河都統	廷杰八
	察哈爾都統	誠勳八
孚宸護。	烏里雅蘇台參贊大臣	奎煥十
	科布多參贊大臣	溥鐧
	塔爾巴哈台參贊大臣	扎拉豐
	庫倫辦事大臣	延祉十
	科布多辦事大臣	錫恆
	西寧辦事大臣	慶恕
錫恆	駐藏辦事大臣	聯豫
	川滇邊務大臣	趙爾豐

月甲寅遷。乙卯,廣福署伊犂將軍。

月誠勳遷。熱河都統。

月溥良遷。察哈爾都統。

月丙戌留京。榮恩烏里雅蘇台參贊大臣。

阿

月戊子免。三多署庫倫辦事大臣。

宣統	二年庚戌
廣福	
信勤	九月乙巳免。堃岫綏遠城將軍。瑞
堃岫	九月乙巳遷。奎芳烏里雅蘇台將
誠勳	
溥良	
榮恩	
溥鐗	
扎拉豐阿	五月丙寅，卒。富勒渾塔爾巴
三多	
錫恆	七月卒。忠瑞科布多辦事大臣。
慶恕	
聯豫	
趙爾豐	

	宣統三年辛亥
	廣福正月遷。庚
良暫署。	塈岫十一月去
軍。	奎芳
	誠勳正月遷。辛
	溥良十月己酉
	桂芳十一月，烏
	溥鐧七月病免。
哈台參贊大臣。錫恆兼署。	富勒渾
	三多十月辛未，
	忠瑞七月辛巳
	慶恕
	聯豫明年三月，
	趙爾豐三月遷。

申，志銳伊犁將軍。十月癸丑殉。

職。

酉，溥頲熱河都統。九月庚寅召。錫良熱

免。黃懋澄署。九月癸未，馮國璋察哈爾

里雅蘇台附哲布尊丹巴，去職。

薩蔭圖代，未任。

庫倫獨立，三多去職。

免。桂芳代。延年護科布多辦事大臣。

藏番陷布達拉，去職。

王人文川滇邊務大臣，未任。八月戊午

河	都	統。			
都	統。	何	宗	蓮	署。
免。	趙	爾	豐	代, 未	任, 殉。